프로 직장인을 위한

전략적
메모의 기술

― 30가지 노하우

프로 직장인을 위한

전략적 메모의 기술
- 30가지 노하우

초　판 발행 ㅣ 2007년 5월 2일
개정판 발행 ㅣ 2008년 7월 23일
개정판 제2쇄 발행 ㅣ 2010년 9월 1일

지은이 ㅣ 민진규
펴낸이 ㅣ 한미경
펴낸곳 ㅣ 예나루

등록 ㅣ 2004년 1월 5일 제106-07-84229호
주소 ㅣ 서울특별시 용산구 갈월동 8-3
전화 ㅣ 02-776-4940
팩시밀리 ㅣ 02-776-4948

ⓒ 민진규, 2008

ISBN 978-89-956959-9-9　03320
일원화 공급처 ㅣ (주)북새통 서울시 마포구 서교동 384-12
　　　　　　　전화 ㅣ 02-338-0117　팩시밀리 ㅣ 02-338-7160～1

프로 직장인을 위한

전략적
메모의 기술

－30가지 노하우

민진규 저

예나루

서문

　하루아침에 이룰 수 있는 일은 아무 것도 없는 것 같다. 어른들이 말씀하시던 '세월이 보인다'는 말을 이제야 조금씩 이해가 된다. 시행착오와 고난의 쓴맛을 겪고 나지 않으면 아무 것도 얻을 수 없고, 또한 뭔가를 얻는다고 하여도 지킬 수 없다는 것을 알게 되었다. 맨몸으로 세상에 나와 살아온 나의 인생에서 가장 도움이 되었던 것이 있다면 '성실한 기록 습관'이 아닌가 싶다. 무엇이든지 어딘가에 적어서 활용하는 습관이 지식을 쌓고 사람을 사귀는 과정에 많은 도움이 되었다. 요즘 말로 하면 이것이 '메모의 기술'일 것이다.

　물론 처음에는 체계도 없고, 제대로 갖추어진 메모장과 메모지도 없었지만 나름대로 원칙을 세우고 수십 년간 실천하면서 많은 것을 깨닫게 되었다. 나의 생활 속에 습관으로 체화된 메모의 노하우를 이론화하고 체계화하여 다른 사람들에게 도움을 주었으면 하는 바람이 있었지만 그런 기회를 갖기 어려웠다. 작년에 『비지니스 정보전략』이라는 책으로 기업들이 어떻게 시장정보를 수집하고 조직정보를 관리하는지에 관한 방법을 전파하면서 조금이나마 위안을 삼았다. 많은 기업과 단체를 대상으로 강연을 하면서 실제 개인도 자신의 인생에 필요한 정보수집과 관리에 관한 전략이 없다는 것을 알고 매우 놀랐다.

그 동안 쌓은 노하우는 작년 연말부터 〈전략적 메모의 기술〉이라는 강의로 크레듀, 사이버엠비에이, 캠퍼스21 및 여러 대기업에서 서비스되고 있다. 국내 여러 기업에 속한 많은 직원들이 수강을 하였으며 매우 실용적이고 직장생활에 도움이 되었다는 의견을 듣고 있지만, 실제 부족한 점이 많아 아쉬웠다. 그리고 제출한 과제의 평가를 하면서 수강생들의 이해 정도와 현실에서 부족하다고 생각하는 부문을 보완할 필요성이 대두되어 『전략적 메모의 기술』이라는 이름으로 책을 출간하게 되었다. 책의 이해를 돕기 위해 책의 구성에 대하여 살펴보기로 하자.

『전략적 메모의 기술』은 크게 3부문으로 구성되어 있다.
먼저 1장은 자기관리를 위한 메모습관에 관한 것으로, 자기 관리를 위해 어떤 메모습관을 가져야 할지에 대해 정리했다. 요즘 개인들은 조직 속에서 무엇이 중요하고 어떻게 처신하여야 하는지 기준을 가지고 있지 않은 경우가 많다. 물론 정보의 관점에서 이러한 내용을 보는 것이다. 가정에서뿐만 아니라 학교에서도 체계적으로 배울 기회가 많지 않다는 점을 감안하여 알기 쉽게 서술하였다.
2장은 자기계발을 위하여 메모를 활용하는 방법을 정리하였다. 정보는 홍수처럼 밀려오지만, 대부분의 사람들은 자신의 생활이나 지식축적에는 전혀 활용하지 못하고 있다. 하지만 조금만 주의를 기울인다면 누구나 전문가 못지않은 정보활용 노하우를 습득할 수 있도록 하였다.

3장은 조직적응을 위한 메모전략으로 조직생활을 잘 할 수 있는 노하우를 살펴보았다. 사람은 누구나 조직생활, 즉 가정, 직장, 동창회나 향우회, 아니면 순수한 친목형태의 클럽활동을 하면서 다른 구성원들과 교류하면서 살아가게 된다. 그리고 평생직장보다 평생직업이라는 말이 통용되는 현재의 한국에서는 직장이 여러 번 바뀌는 것도 다반사이다. 이럴 경우 새로운 조직을 파악하기가 쉽지 않고, 새로운 환경에 적응하기도 어렵다. 조직에 인생을 걸어야할지 스스로 판단해야 하는 몫을 안게 된 개인들은 큰 심리적 부담을 느낄 수밖에 없다. 따라서 조직을 선택하고 같이 상생하는 길을 찾는 방법을 고민할 수 있는 계기를 제공하고자 하였다.

위의 세가지 부문에 대한 이해를 돕기 위해서 각 장마다 본문과 여러 보조하는 글로 구성하였다. 먼저 본문의 내용을 요약하여 'Key Point'로, 각 장의 본문과 연관된 노하우를 'Plus One'에 제시하였다. 그리고 실제 수강생들의 체험내용이나 각종 피드백, 각 장의 주제와 연관이 있는 칼럼을 'Activity'에 제시하여 수강생들의 좋은 의견이나 리포트 작성 시 부족한 점, 좋은 내용들을 요약해서 실제 생활에서 활용할 수 있도록 하였다. 온라인 강좌가 일부 이론적인 면을 포함하고 있어 이 책에서는 조직생활을 하는 직장인의 현실을 최대한 반영하도록 노력을 하였다.

그렇다고 이 책이 『메모의 기술』 아류라고 보면 오산이다. 시중에 유통되고 있는 많은 메모관련 서적에서 다루는 메모의 기술은 철저히 솎아냈다. 이 책은 메모의 기술보다는 그 응용법에 초점을 맞췄다. 일상생활이나 조직생활에서 어떻게 잘 활용할 것인지에 대해서 많은 부문을 할애했다는 것이다. 다시 말해 메모의 기술에서 첩보수집과 정보활용의 단계로 한 차원 업그레이드할 수 있는 전략을 제시하였다. 물론 아무리 좋은 전략과 조언이 있다고 하여도 그 진정한 가치는 개인의 노력과 의지에 의해 창출되는 것이다.

강좌를 진행하면서 자신만의 독특한 노하우와 저자보다 더 훌륭한 메모습관을 가지고 있는 수강생들을 보면서 무척 행복했다. 그 동안 〈전략적 메모의 기술〉 강좌를 수강하면서 좋은 의견과 훌륭한 리포트를 작성하여 제출해 주신 많은 수강생들, 항상 부족한 사람을 믿어주고 외부 강연이나 집필활동에 물심양면으로 도와준 ㈜생각과창조 박재희 이사님께 감사를 드린다. 이 분들의 따뜻한 관심과 신실한 이해가 더 나은 우리사회 발전의 굳건한 초석이 되리라는 사실을 믿어 의심치 않는다.

인연을 맺은 기업

강북삼성병원, 강원도개발공사, 경희대, 고려제강, 국가보훈처, 국무조정실, 국순당, 나우동인건축사무소, 네오텔레콤, 넥슨모바일, 녹십자, 대한적십자사, 대한전선, 동광상호저축은행, 동국대 경주캠퍼스, 동양생명, 동양파이넨셜, 동진모타공업, 롭옵틱스, 미래상호저축은행, 미래애셋, 미래와사람, 보령제약, 삼성광통신㈜, 삼성서울병원, 삼성에버랜드, 삼성엔지니어링, 삼성전기, 삼성전자로지텍, 삼성정밀화학, 삼성코닝, 삼성테크윈, 삼성화재, 삼성HTH, 서울아산병원, 선진통운, 세아그룹, 스마트전자, 시반건축사무소, 애경유화, 엔에이치엔, 예스코, 와이지원, 원성제관, 위니아만도, 유진그룹, 이트너스, 인천항만공사, 일진그룹, 전북대학병원, 제니엘, 제일기획, 제일모직, ㈜기가텍, ㈜동원산업, ㈜동원시스템즈, ㈜동원F&B, ㈜아모스프로페셔널, ㈜캠퍼스21, 중외제약, 코미코, 코트라, 한국토지신탁, 현담산업, JYP엔터테인먼트, LS산전, 한화그룹, 태평양그룹, 삼일회계법인, 원격교육연수원 등

'전략적 메모의 기술' 개정판을 낼 수 있어 기쁘다. 06년부터 시작한 온라인 강좌에 이어, 여러 대학과 기업, 관공서를 대상으로 강연을 하면서 많은 수강생과 함께 훌륭한 교류의 장을 형성했다고 생각된다. '교학상장(敎學相長)'이라는 말이 있다. 서로 가르치고 배우면서 성장한다는 뜻이다. 강좌는 개인적으로도 많은 것을 배울 수 있는 기회였다. 이번 개정판에는 그러한 인식을 기반으로 수많은 수강생들의 질문에 대한 답변, 수강생들이 제출한 과제를 보면서 느낀 점, 훌륭한 리포트 등을 담아내기 위해 노력하였다.

　특히 'Activity'에서는 수강생들의 리포트와 다양한 내용을 소개하고, '세상사는 이야기'에서는 그동안 사회현상을 보면서 쓴 칼럼 중 독자들과 공유하면 좋겠다고 생각한 것을 엄선하였다.

　작금의 한국 실정을 보면서 '의사소통'의 중요성을 새삼 느끼게 되는데, 어느 수강생이 제출한 리포트에 재미나는 이야기가 있어 소개해 본다. 우리는 사이가 좋지 않은 관계를 '견원지간'이라고 한다. 개와 원숭이의 관계라는 말인데,

개와 원숭이는 사이가 매우 좋지 않다고 한다. 그런데 그 이유가 바로 서로 의사소통이 전혀 다르게 전달되어서라는 것이다. 개는 상대방을 반기거나 기분이 좋을 때 꼬리를 흔들어 감정을 표현한다고 한다. 반대로 원숭이는 무척 화가 나 있거나 공격적인 행동을 할 때 꼬리를 치켜든다고 한다. 서로 정반대의 의사소통 방식으로 인해 친해질 수가 없다는 것이다.

어떻게 보면 메모는 누구나 하고 있고 특별한 방법이 없는, 너무나 쉬운 일이기도 하지만 메모가 어렵다고 하소연하는 사람이 의외로 많다. 가장 큰 이유는 메모의 목적이 명확하지 않고 메모한 내용을 잘 활용하지 않기 때문이라고 생각된다. 자신이 한 메모와 '소통'을 잘 하지 않고, 메모를 잘 활용하지 않거나 활용할 수 없도록 메모를 함으로써 초래된 '실용정신 부족' 현상 때문이다. 메모는 오랜 기간 동안 꾸준하게 해야 되는데, 어떻게 보면 이 지겹고 재미없는 일을 중단하지 않고 꾸준하게 잘 하기란 사실 쉽지 않다. 하지만 메모의 습관만 익힌다면 당신의 경쟁력은 한 차원 격상될 것이다. 모든 독자들이 '전략적 메모의 기술'에서 제시하는 노하우에서 해답을 찾아 좋은 메모습관을 갖추기를 희망한다.

차 례

3장 조직적응을 위한 메모전략

1 장

자기관리를 위한 메모습관

이 장에서는 자기 관리를 위해 어떤 메모습관을 가져야 할지에 대해 정리했다. 요즘 개인들은 조직생활을 하면서 무엇이 중요하고 어떻게 처신하여야 하는지 기준을 가지고 있지 않은 경우가 많다. 물론 정보의 관점에서 이러한 내용을 보는 것이다. 가정에서 뿐만 아니라 학교에서도 체계적으로 배울 기회가 많지 않다는 점을 감안하여 알기 쉽게 서술하였다.

1

좋은 메모지와
메모장 선택하기

항상 메모를 하는 것은 쉽지 않은 일이다. 더구나
좋은 메모를 하고, 좋은 메모 습관을 기르는 것은 더욱 어려운
일이다. 이런 관점에서 메모지나 메모장을 잘 가지고 다니는 것
은 전쟁터에 나가는 병사가 총과 실탄을 가지고 가는 것과 같다.

나쁜 메모지
vs 좋은 메모지

우리가 사무실이나 일상생활에서 사용
하는 메모지의 종류는 의외로 다양하다. 일반적으로 각종 문서
를 인쇄하였거나 사용하지 않는 이면지부터 메모지의 대명사

인 포스트 잇, 각종 음식점이나 은행 등에서 공짜로 나눠주는 광고형 메모지 등 헤아릴 수 없을 정도로 많다. 대부분 별생각 없이 사용한다. 물론 메모를 제대로 하지 않은 채 말로 때우는 사람도 있어 메모라도 하여 지시를 내리거나 전달사항을 전해 주는 경우는 흔하지 않다. 대단한 결심이나 정성이 있어야 하는 메모이지만, 메모지를 잘못 활용하면 안 하느니만 못한 경우도 있다.

  아직도 직장에서 상사가 부하 직원에게 업무지시를 하면서, 이면지에 몇 자 적어 주는 경우가 많다. 보기에도 좋지 않지만, 이면지에 사적인 전화통화 내용이나, 중요 업무에 관련된 내용이 적혀 있을 수도 있다. 이런 내용들은 아랫사람이나 동료들이 보지 않는 것이 좋은 것들이다. 중국집이나 분식집, 심지어 사채·일수 전화번호가 적혀 있는 메모지를 그대로 사용하는 경우도 많다. 멋진 사무실에 근무하고, 중요한 일을 하면서도 메

2월 5일, 오전 10시
박부장님 지시

오늘 퇴근까지 신상품 판매계획
김대리가 정리하여 보고할 것
-이과장

북경반점 신속배달
2000-8282

2월 5일, 오전 10시
정사장님께
귀사와의 M&A건으로
내일 오전 10시에 힐튼 호텔에서
뵈었으면 합니다.
잘 부탁드립니다.
- 한국전자 민진규 드림

30일 무이자 신용대출
1588-8282

모지는 중국집 전화번호가 적힌 것을 사용한다면 격이 맞지 않다. 물론 그러한 업종이나 식당을 무시하는 것은 아니지만, 중요한 업무나 지시내용을 적기에는 적당하지 않다는 것이다. 앞의 메모지를 한번 보자.

누가 보아도 보기는 좋지 않을 것이다. 왼쪽의 경우처럼 내부 직원들용으로만 사용한다면 물론 그렇게 문제시되지는 않을 수도 있다. 그러나 오른쪽의 경우처럼 외부인에게 이러한 메모지를 사용하여 내용을 전달하면 어떨까? 우리 속담에 '집에서 새는 바가지 밖에서도 샌다'는 말이 있다. 사무실에서 무의식중에 사용하다 보면, 차에 두거나 집에서 사용하는 것도 자연스럽게 된다. 중요한 사람과의 메모교환에서 이러한 메모지를 안 쓴다는 보장을 받을 수가 없게 되기 때문에 평소에 습관을 잘 들이는 것이 좋다는 것이다. 사무실 인테리어나 책상, 옷 구입에는 많은 돈을 들이면서도 메모지 하나 제대로 된 것 사용하지 않는 경우가 많다. 문구점에는 사이즈도 다양하고 색깔도 다양한 메모지가 구비되어 있다. 또한 가격도 비싼 편이 아니다.

메모장은 무난한 것으로

메모지의 선택만큼이나 메모장을 잘 고르는 것도 어려운 일이다. 많은 직장인들이나 학생들이 시중에서 판매하는 시스템 다이어리를 사용한다. 날짜 구분이나 각종 양식이 잘 정리되어 있어 사용하기 편리하기 때문이다. 그러나 메모장도 가급적 고가의 시스템 다이어리를 사는 것보다 자신에게 편하고 저렴한 것을 구입하는 것이 좋다.
특히 최근에는 외국의 고가의 시스템 다이어리가 메모나 자기
계발의 만능기계인양 팔리고 있는데, 이는 바람직하지 않다고
본다. 물론 그런 것을 잘 활용하면 체계적으로 계획을 세우고,
지나간 내용들을 확인하기 좋지만, 그런 다이어리도 도구에
불과하다. 그것을 활용하는 본인의 의지나 노력이 더 중요한
것이다.

물론 그런 것을 잘 사용하면 도움이 되
고, 활용하기에도 좋은 것은 사실이다.
하지만 소중하게 여겨서 잘 가지고 다니
지 않거나 용지가 비싸서 다른 종이에 메
모를 한 후 깨끗하게 옮겨 쓰기도 하기
때문에 함부로 메모하기에는 적당하지

않다. 실제로 이러한 경험은 많이 해보았을 것이다. 따라서 좋은
메모장은 자신이 함부로 메모하거나 낙서를 하여도 무방하고,
항상 가지고 다니기에 부담 없는 것이 좋다. 개인적인 경험으로
한국 사람처럼 획일화된 시스템 다이어리를 많이 사용하는 국민
들을 본 적이 없다. 일본사람들과 비지니스를 하면서 소위 말하

Plus one

일수 수첩이나 포켓수첩의 사용은 삼가자!

일수수첩을 보면 시장 아주머니나 사채업체가 생각나고, 포켓수첩을 꺼내어 깨알
같이 메모를 하는 것을 보면 사람이 속 좁아 보인다. 중요한 비지니스를 할 마음이
안 생긴다.

는 일류기업의 임원들도 우리가 말하는 '대학노트'라고 하는 것을 사용하는 것을 많이 보았다. 그냥 편하게 회의 내용을 정리하고 업무에 활용하면 되는 것이다. 특정 회사의 브랜드나 고급 수첩을 사용한다고 자신의 값어치가 높아지는 것은 아니라는 사실을 알았으면 한다.

Activity

메모를 시작한 계기와 결심

강의를 선택하여 듣게 된 배경은 2년 전으로 거슬러 올라간다. 어느 커피숍에서 차를 마시면서 수첩을 정리하는 한 직장인을 보았는데 너무 멋있어 보였다. 그래서 나도 폼 나는 고급 수첩을 구입하고 좋은 펜을 사서 매일 가지고 다녔다. 처음에는 메모는 하지 않고 그냥 가지고 다니는 정도였다. 그러다가 한번씩 친구들의 연락처 등을 기록하고 조금 더 시간이 흘러 출근한 후 오늘 할 일을 메모하는 수준까지 도달하였다. 하지만 그것으로 끝이었다. 메모를 다시 활용하거나 그 수첩을 펴 보는 일은 하지 못하였다.

대충 그렇게 메모하면서 수첩을 한 달도 안 되어 다 써버렸다. 글씨를 큼직하게 날려 쓰니 금방 수첩 한 권이 없어져버렸다. 당시에는 수첩에 날짜를 적고 일어나는 일을 무조건 다 적었다. 하루에 해야 될 일, 좋은 감정, 회의 내용, 차량정비내역, 기타 등등. 문제는 메모한 내용을 다시 읽어 본 적이 없었다. 그래도 그 다음해에는 달력을 이용해 연간 월간 계획도 메모해 놓고 계획대로 실천하려고 노력을 하였다. 그러던 중 비싼 수첩과 좋은 펜을 잃어버렸다. 그 이후로 한동안은 또 메모를 하지 않고 지냈다. 그런데 조금 지나니 불편함과 허전함을 느껴졌다. 그래서 또 비싼 수첩과 펜을 구입하여 가지고 다니며 메모를 하기 시작했다. 이렇게 무작정 메모를 하다가 시간이 지나니 어떻게 해야 내 관리가 되고 수첩 정리를 깔끔하게 할 수 있을까를 고민하게 되었다.

그러한 고민을 하던 중 이 강의를 듣게 되었다. 강의를 듣고 몇 가지 알게 된 것은 첫째 좋은 펜과 비싼 수첩은 꼭 필요한 것은 아니라는 것이다. 왜냐 하면 그동안 좋은 펜과 수첩을 많이 잃어버렸다. 너무나 아깝다는 생각이 든다. 둘째 메모는 카테고리 별로 잘 분류하는 것이 중요하다는 것이다. 나는 지금까지 메모에 모든 내용을 무조건 다 적다보니 나중에는 무엇이 중요한지 구별이 되지 않았다. 그래서 앞으로 수첩에 메모하는 내용을 분류하기로 하였다. 수업 내용 중 외국어, 업무관련 지식 등으로 수첩을 분류하도록 했듯이 일단 개인적 일과 회사 일을 분리하고, 회의 때는 큰 다이어리를 들고 들어가 메모하고 중요내용만 포켓용 수첩에 정리했다. 셋째 회의시간에 지겨우면 사람들 관찰하라고 해서 실천을 해보니 잠도 오지 않고 재미있었다. 참석자들의 발언 내용이나 태도를 보면서 나의 부족함과 배울 점을 느낄 수 있었다. 넷째 메모를 주기적으로 정리해야 한다는 것이다. 그래서 내년부터 새 수첩을 구입하면 연간 월간 주간 단위로 업무를 메모하여 하루 최소한 30분씩 시간을 내어 수첩 정리를 할 계획이다. 이렇게 해야 자기 관리가 될 것 같고, 작심삼일에서 벗어날 수 있을 것 같다.

위의 배운 점을 실천하기 위해 먼저 나에게 적합한 수첩 즉 주간 및 월간 단위로 구분되어 있는 수첩을 구입할 것이다. 펜은 싸고 편한 것으로 하되 굳이 비싼 것을 고집하지는 않기로 했다. 무엇보다 중요한 것은 메모한 것을 다시 확인하고 분류하는 것이고, 또 매일 수첩을 보고 생각할 수 있는 시간을 만들고 습관화시키는 일이다. 현재는 수첩정리시간을 거의 갖지 않는다. 생각나면 하는 수준이다.

그리고 강의 내용과는 정반대지만 메모할 때 글씨를 좀 예쁘게 쓰고 칸을 아껴 쓰기로 했다. 내가 봐도 글씨가 엉망이고 수첩이 너무 빨리 없어져서 글자 크기도 적당히 하고, 깔끔하게 정리하기로 했다. 내년에는 수첩과 펜을 잃어버리지 않았으면 하는 바람이다.

직장인이 지켜야 할 7가지 덕목

직장생활을 하다가 보면, 매년 일정이 되풀이 되는 경향이 있다. 연말에는 업무를 마감하고 내년도 계획 세우고, 인사이동이 있게 된다. 실적이 좋으면 승진도 하고, 연말 보너스도 두둑하게 받고, 실적이 없으면 보직이 바뀌거나 직위가 높은 경우, 퇴사를 당하기도 한다. 연초에는 이런 어수선한 분위기를 정리하고 새롭게 시작하고자 많은 결심을 하게 된다. 우리가 흔히 말하는 '작심삼일'은 새로운 습관을 만들거나 오래된 나쁜 습관을 고치기 어렵다는 것을 나타내는 말이다. 또한 뉴질랜드의 어느 학자는 대개 연초에 세운 계획은 5일 정도 지속된다는 것을 밝혀냈다고 한다. 그래도 어차피 지키기 못할 계획을 세우지 않는다는 것보다, 중단하더라도 계획을 세우고 실천하고, 또 실천하는 것이 좋다고 한다.

새해가 되면 모두가 이런 저런 계획을 세우게 된다. 물론 위의 말처럼 지속적으로 실천하기는 어렵지만 말이다. 참고로 많은 신문과 양식 있는 어른들이 제안하는 직장인이 지키면 좋은 습관들을 정리해 본다.

1. 평소에 잘해라.

평소에 쌓아둔 공덕은 위기 때 위력을 발휘한다. 급할 때 부탁하면 아무리 친해도 도와줄 수 없는 경우가 더 많고 도와주기도 싫어진다. 하지만 평소에 다른 사람에게 베풀면 언젠가 돌아오게 된다.

2. 고마우면 '고맙다'고 하고, 미안하면 '미안하다'고 말해라.

입은 말하라고 있는 것이다. 자기보다 나이가 어리거나 직급이 낮아도 고마우면 고맙다고 하고, 미안하면 미안하다고 하여라. 체면 구긴다고 생각하지 마라. 마음속에만 담고 있으면 남이 알기 어렵다.

3. 회사 밖 사람들과 많이 사귀어라.

자기 회사 사람들만 사귀면 '우물 안 개구리'가 된다. 자기 직업과 직급을 무시하고, 다양한 사람들과 사귀어라. 회사 내의 직급에 안주하지 말고, 밖으로 나가는데 두려워하지 마라. 누구나 언젠가는 조직을 떠나게 되고, 그때는 새롭게 사람을 사귀기에 너무 늦다.

4. 남의 생각과 업무를 비난하지 마라.

남을 비난하는 것은 자신을 죽이는 길이다. 부족한 부문이 있다면 대안을 제시하여 주고, 조언을 해주어라. 비난을 하면 적이 되고, 조언을 해주면 친구가 된다. 적보다 친구가 많은 것이 일상생활과 조직생활을 하는데 도움이 된다.

5. 지킬 수 있는 약속만 하여라.

지킬 의사와 자신도 없으면서 도와준다고 하지 마라. 자신이 할 수 있는 부문만큼만 약속을 하고, 지키지 못할 약속은 하지 마라. 아무리 상급자나 친한 동료라고 하여도 약속을 지키지 못하면 신뢰를 얻을 수 없다.

6. 다른 사람을 우습게보지 말고 정성으로 섬겨라.

지금 힘 없고 능력 없다고 우습게보지 마라. 그런 사람의 배경에 누가 있는지, 나중에 어떻게 될지 아무도 모른다. 사람을 살리기는 어려워도 죽이기는 쉬우므로 의외의 상황에서 큰 화를 당할 수 있다. 그렇다고 비굴해지지는 말고, 당당하게 정성으로 대하라. 세상일은 아무도 모른다.

7. 지금 이 순간에 최선을 다해라.

현실에 만족하고, 이 순간도 자신의 인생 일부분이라고 생각하여라. 꿈을 가지고, 순간순간에 최선을 다하되, 자신의 능력이

상의 과욕을 부리지 마라. 인생이 힘들어진다. 그리고 내일 최선을 다하면 된다고 현실을 도피하거나 핑계를 대지 마라.

현재 누구나 조직생활을 하고 있는 입장이고, 앞으로도 어떤 형태의 조직에 속하여 살아가야 한다. 여러 회사생활을 해보면서 이런저런 경험도 해보고, 많은 사람들을 만나보면서 느낀 점이다. 대부분의 평범한 사람들은 조직생활을 하여야 하고, 또 언젠가는 나이가 들면 조직을 떠나야 한다. 한번 지나간 시간은 되돌릴 수 없고, 지나간 삶을 후회한들 소용이 없다. 요즘은 평균수명도 늘어나서, 실제 60살에 정년퇴직을 한다고 하여도 그 후에도 오랜 기간 사회생활을 하여야 한다. 오직 조직생활이 전부라고 생각하면서 살아온 우리 부모세대와는 다르다. 세상이 바뀌었으니, 현재 직위가 높다거나 젊다고 너무 위세부리지 말고 겸허하게 조직생활을 하자.

2
다양한 메모도구
활용 및 주의사항

요즘 세상이 급속하게 변하고 있다. 20세기의 아날로그 시대가 21세기에는 디지털 시대로 변하고 있는 것이다. 이러한 변화의 추세에 비추어서 메모도구도 진화하고 있다. 물론 이러한 발전이 반드시 좋다거나 효율적이지만은 않다. 당연하게 각 도구들이 장·단점이 있어 사람마다 선호도와 상황에 따라 다르게 사용된다. 젊은 사람들은 시대에 맞추어 디지털 도구들을 많이 활용하는 편이고, 연륜이 있는 어른들은 아날로그가 더 편하기도 하다. 필자는 개인적으로 아날로그 도구를 많이 선호하여 사용한다. 아무래도 사람 냄새도 나고, 깊은 맛이 우러나오는 것을 좋아하는 모양이다.

아날로그

디지탈

패러다임
변화

메모도구별 활용법

과거에는 수첩이나 녹음기,
필름 카메라가 많이 사용되었다면 현재는 수첩 대신에 PDA가,
테이프 녹음기 대신에 보이스 펜 녹음기가, 필름 카메라 대신에
디지털 카메라나 카메라 폰이 많이 사용된다. 수첩과 PDA는 일
상적인 일정 관리나 중요 메모를 하는 데 많이 사용하고, 녹음
기는 회의나 세미나, 연설 등을 녹음하여 참조하고자 할 경우에
활용된다. 카메라는 특정 장면이나 증거 자료, 이미지 등을 보
존하거나 참고로 활용하고자 하는 경우에 매우 효율적이다. 실
제로 자료 촬영이나 현장 스케치에는 카메라가 유용하게 쓰인
다. 또한 녹음기는 걸어 다니거나 외부에서 활동할 경우 아이디
어 메모나 중요 메모 내용을 학습하는데 도움이 된다.

우리가 흔히 사용하는 각종 자료 스크랩도 메모의 한 방법이다. 중요 내용을 스크랩하고, 여기에 코멘트나 참조자료를 메모하여 업무용으로 활용하기도 하고, 기록으로 남기기도 한다. 스크랩자료는 손으로 메모하여 정리한 것보다 현장감과 사실감이 높아서 고전적인 방법임에도 불구하고 여전히 인기리에 활용되고 있다.

또한 요즘 인터넷이 정보검색용으로만 사용되는 것이 아니라, 자신의 메모장으로 활용되기도 한다. 블로그(blog)를 잘 활용하는 방법 중의 하나로 자신이 관심을 가지고 있는 기사나 자료를 모아두어서 자신뿐만 아니라 자신과 이웃한 사람, 그런 자료에 호기심을 가진 사람들과 공유할 수도 있다.

녹음이나 촬영해서는 안 되는 경우

메모의 도구 중 특히 녹음기와 카메라를 사용할 경우에는 주의해야 할 점이 많이 있다. 이러한 점을 간과한다면 법적·윤리적인 책임을 져야 할 수도 있다.

녹음기를 사용할 경우에도 지켜야 할 예절이 있는데 이를 알아보자. 공개된 회의나 세미나의 경우는 녹음을 하여 자료로 활용해도 괜찮지만, 사전에 주최 측에 녹음해도 괜찮은지 허락을 얻어야 한다. 또한 외부업체나 다른 사람과의 회의, 비공식적인 자리에서의 대화는 녹음을 해서는 안 된다.

명시적으로 허락을 하지 않았거나 녹음사실을 통지하지 않고 녹음하는 행위는 법적으로 처벌을 받을 수도 있다. 하지만 그것보다 중요한 것은 인간적으로나 비지니스적으로 신뢰하지 못할 사람이라는 인식을 심어 준다는 것이다. 하루 이틀 인생을 살다가 죽을 것이 아니라면, 설혹 그렇게 죽을 것이라고 하여도 도덕적으로 신뢰를 잃는 것은 살아 있건 죽던 도움이 되지 않는다.

카메라를 사용하는 것도 앞에서 설명한 많은 이점이 있지만, 잘 활용하여야 하는 점에서는 마찬가지이다. 몇 년 전에 일본 업체와 비지니스를 할 때의 경험이다. 그 당시에 한국에서는 카메라폰이 없었다. 우리는 회의를 하면서 필기한 화이트보드 내용을 열심히 적고 있는데, 일본 사람들은 카메라폰으로 찍는 것이었다. 물론 사전에 사진으로 찍어도 되는지 허락을 요청하였다. 개인적으로 장난감 같은 것으로 찍는 것이 무슨 도움이 될 것이냐고 의구심을 품었지만, 노트북에 연결하여 보여주는 이미지의 해상도는 가히 나쁘지 않았다. 몇 년이 지나서 한국에서도 카메라폰을 구할 수 있어서 재미로 회의록을 찍어보기도 하였지만, 역시 메모장에 직접 쓰는 것보다 도움이 덜 되었다.

몇 년 전부터 한국에서도 카메라폰이 대중화되어 각종 사회 문제가 발생하였다. 항상 소지하고 다니게 되고, 촬영이 쉽다 보니 여러 가지 부작용이 생긴 것이다. 소위 말하는 몰래 카메라로 변신되어 공공 화장실이나, 지하철, 기타 장소에서 촬영하지 않아야 될 것을 몰래 촬영하는 사람이 생긴 것이다. 카메라폰이 촬영할 때 소리가 나지 않으니 대상자는 누군가가 자신을 촬영을 하는지 조차 모르고 당하는 일들이 많이 일어나게 된 것이다.

Key Point

녹음이나 촬영을 해서는 안 되는 경우
- 주최 측이 비공개나 녹음 금지를 요청한 회의
- 외부업체와 하는 각종 비지니스 회의
- 외부인사를 초청하여 개최한 강연 및 세미나
- 사생활을 침해할 수 있는 장면 및 자료

이러한 사회문제가 발생하자, 카메라폰 제조회사가 촬영을 할 경우에 반드시 소리가 나도록 조치를 하였다. 그런 이후에도 촬영한 사진이나 동영상이 인터넷에 유포되어 초상권침해나 인권침해 등의 문제가 많이 발생하고 있다. 역기능이 순기능보다 많게 된 것이다. 카메라폰의 사진촬영 기능을 활용하는 사람은 많지 않은데, 제조회사와 통신사들이 담합을 하여 많이 보급한 측면이 있다. 하여간 악용을 하게 되면 단순하게 비난을 받고 끝나는 것이 아니라 법적으로 처벌을 받게 된다는 사실을 알아야 한다. 그것보다도 모든 문명의 도구들은 애초에 만든 용도로 활용하는 것이 좋다.

Plus one

회의가 중요하여 부득이하게 녹음을 해야 하는 경우
녹음을 할 때에도 다른 사람이 알아차릴 수 없도록 하여야 하며, 녹음한 내용도 자신의 업무 용도로만 활용하여야 한다. 가급적이면 중요내용을 정리한 후에 삭제하도록 한다.

필기도구 선택

모 관공서 공무원이 제출한 리포트의 일부분이다.

중요한 메모나 금방 처리해야 할 메모 사항은 눈에 띄게 표시를 해두어야 한다. 이럴 때가 내가 쓰는 방법은 '번지거나 흐려지는 일이 없도록' 필기도구는 플러스 펜이나 연필은 되도록 사용하지 않는다. 흑색 볼펜을 사용해서 일차적으로 기록하고 중요 메모는 빨간색이나 파란색 등의 색 볼펜으로 기록한다.

그 다음 반드시 기억해 두고 처리해야 할 메모 사항은 형광색 펜으로 줄을 긋는다. 이러한 작업은 시간이 지난 후, 기억이 희미해져 가고 있을 즈음에 중요한 사항이 한눈에 들어올 수 있도록 하는 좋은 메모 습관이다. 메모한 내용 중에 중요사항은 별도로 요약해서 기록해두는 것도 좋은 방법이다.

개인적으로도 중요한 메모는 5년, 10년, 20년 이상을 보관한다. 그런데 일반 보통 펜이나 플러스 펜으로 쓴 글씨는 시간이 지나면서 잉크가 희미해지기도 하고, 습기에 번지기도 한다. 어릴 적에 쓴 일기장을 보면 글씨가 번져서 무슨 내용인지 알기 어려운 경험을 많이 해보았을 것이다. 개인적으로도 요즘 새로 나오는 볼펜이 글씨가 지워지지 않아서 돈을 더 지불해서라도 구입한다. 또 다른 문구에 비해 비싼 편이 아니어서 크게 부담이 되지는 않는다. 마음에 드는 필기도구를 잘 선택하는 것도 즐거운 메모습관을 들이기 위한 한 방법이다.

세상사는
이야기

디지털시대 메모의
허와 실

신문에 '연필과 카메라 폰, 어느 쪽이 강할까?'라는 기사가 나왔다. 내용은 캐나다 토론토대학의 공대교수가 수강생들의 카메라 폰 사용을 금지하였다는 것이다. 그는 "많은 학생들이 웹 사이트에서 자료를 내려받거나 칠판을 카메라에 담거나 다른 전자제품에 저장하면 자신의 것이 됐다고 생각한다."며 그것은 착각에 불과하다고 지적했다. 또한 배움에는 지름길이 없으며 사진이 노트필기를 대체할 수 없다고 말하였으며, 학생들이 강의를 제대로 필기하지 못해 학습능률이 제대로 오르지 않다고도 지적했다.

요즘 실제로 많은 학생들이 편리한 디지털 기기를 학습에 활용하고 있다. 다양한 상황에서 활용할 수 있어 참 편리하다. 그러나 이렇게 좋은 디지털 학습도구가 많이 보급되어 활용되고 있지만, 현재의 학생들이 과거 아날로그학습 도구를 사용하여 공부한 구세대보다 더 똑똑해진 것일까 하는 의문도 든다. 쉽게 정답을 찾을 수 있는 질문은 아니지만, 개인적으로 이 질문에 대한 답은 '반드시 그렇지는 않다.' 쪽이다.

최근에 학생들이 많이 사용하는 디지털 메모도구를 살펴보자. 먼저 위에서 지적된 카메라 폰이나 디지털 카메라이다. 그림이나 특정상황을 묘사하고 보존하는 데 사진보다 더 확실한 방법은 없다. 특정 장면이나 내용은 금방 사라지기도 하여서 연필로 스케치하거나 글로 상세히 묘사하기에 시간이 부족할 수도 있다. 따라서 일반적인 강의내용은 연필로 메모하는 것이 좋지만, 공대의 강의처럼 특정 사진이나 도표, 복잡한 수식을 많이 쓴다면 카메라 폰으로 찍어서 저장하는 것도 도움이 될 수 있다. 또한 요즘 카메라 폰이 많이 보급되어 거의 누구나 항상 소지하고 다닌다는 것도 큰 장점이다.

둘째 디지털 녹음기이다. 크기가 작고 용량이 거의 무제한인 디지털 녹음기를 휴대하고 다니면서 좋은 아이디어가 떠오르거나 중요 내용을 메모할 필요가 있을 때 사용하면 편리하다. 메모장을 항상 가지고 다니기가 어려울 수도 있고, 연필로 메모를 하는 것보다, 말로 저장하는 것이 편리한 경우가 많은 것이 사실이다. 다만 녹음기를 활용하여 말로 하는 것이 익숙하지 않은 사람은 그렇지 않을 수도 있다. 개인적으로도 녹음기를 활용한 메모방법을 여러 번 시도하였지만 습관화시켜서 도움을 받지는 못하였다.

위의 두 가지 메모 도구를 보면 각각의 장단점이 있을 것이다. 또한 개인마다 선호하는 도구가 다를 것이다. 여기서 중요한 것은 자신에게 편리한 메모방법을 택해야 한다는 점, 메모를 하는 목적을 잊지 말아야 한다는 것이다. 메모한 내용을 활용하여 자신의 것으로 만드는 작업이 메모의 궁극적인 목적이다. 위에서 교수가 지적한 것처럼, 디지털 기기 내에 저장하여 두는 것만으로 학습한 것이거나 이해한 것은 아니다. 메모할 때는 자신에게 편리한 방법을 선택할 수 있지만, 반복 학습을 통하여 자기 것으로 소화하지 못하면 아무런 소용이 없다. 예를 들어 도표라면, 시간을 내어서 자신이 직접 그려보고 이해하도록 하여야 자기 것이 되는 것처럼 말이다.

사실 학생들에게 효율적인 메모방법을 교육해주는 기관이나 사람을 찾기란 어렵다. 강의 내용을 필기하는 것도 초등학교부터 자신이 해온 오랜 습관에 따라 하는 것이지, 누가 체계적으로 가르쳐주는 경우는 드물다. 그래서 극단적으로 표현한다면, 초등학교 때에 좋은 강의 메모습관을 익히지 못하면 공부를 잘하기가 어렵다고도 한다.

좋은 강의 메모가 좋은 학습결과를 낸다는 것을 모르는 교육자와 학생은 없다. 그런데도 그러한 노하우를 가르쳐주지 않는다는 것은 문제가 아닐까. 학생들이 디지털기기를 사용한다고 질책하면서 아날로그 방식만 고집할 것이 아니라, 새로운 기기를 효율적으로 학습에 사용할 수 있는 방법을 가르쳐주는 것이 옳다는 말이다.

메모하는 환경조성하기

우리는 왜 메모를 하는가? 중요한 일은 잘 기억하였다가 처리하면 되고, 그렇지 않은 부문이라도 업무를 하면서 각종 서류로 증거로 남기면 되는 것이다. 물론 개인적인 목적으로 일기를 쓰고 신문이나 자료를 스크랩하기도 한다. 그래도 뭔가 허전한 느낌이 들기도 하고, 아쉬움이 남기도 한다. 그러한 면을 보완하는 측면에서 메모를 체계적으로 하는 습관을 들이는 것이다. 좋은 습관을 들이는 가장 좋은 방법은 그것을 즐기거나 뭔가 도움을 받는 것이다. 인간은 경제적인 동물이라 유·무형의 경제적 이득이 있을 경우 동기부여가 된다. 이러한 관점에서 최적의 메모환경을 구축하는 방법을 알아보자.

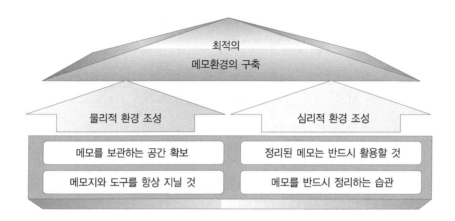

최적의
메모환경의 구축

물리적 환경 조성 | 심리적 환경 조성

| 메모를 보관하는 공간 확보 | 정리된 메모는 반드시 활용할 것 |
| 메모지와 도구를 항상 지닐 것 | 메모를 반드시 정리하는 습관 |

기본적인 물리적 환경

먼저 물리적인 환경을 조성하는 것이다. 메모를 하기 위해서는 기본적으로 메모지와 메모장, 메모도구들이 필요하게 된다. 당연히 좋은 메모지와 메모장을 선택해야 하고, 상황에 적합한 메모도구를 구비해야 한다. 이런 내용은 앞에서 설명하였으므로 생략하기로 하고 물리적인 환경에 대하여 살펴보자.

메모를 많이 하는 책상 위에 메모지와 볼펜 등을 두어 쉽게 사용할 수 있게 하고, 집안이나 사무실 등 자신이 자주 사용하는 공간에도 비치를 하면 좋다. 항상 가지고 다니기 쉽지 않은 현실을 배려한 것이다. 그리고 옷 주머니 안에 항상 메모장과 볼펜을 넣고 다녀야 한다. 잠옷에는 넣을 수 없겠지만, 활동복에는 반드시 넣어 다니는 버릇을 들이는 것이 좋다.

다음으로 메모를 한 메모지나 메모장을 보관하는 장소를 확보하는 것이다. 메모를 하는 것도 중요하지만, 메모지를 잘 보관하는 것도 중요하다. 열심히 메모를 하였는데, 메모지를 어디에 두었는지 기억이 나지 않고, 찾지 못한다면 메모를 한 노력이 헛수고가 된다. 메모 보관장소를 정할 때는 원칙을 정하는 것이 좋다. 예를 들어 활동복이나 양복을 입을 경우에는 반드시 윗저고리 안주머니에 넣거나, 수첩을 항상 소지할 경우에는 수첩의 명함 보관장소에 넣는다는 식이다. 그리고 사무실이나 집에서는 책상 제일 윗 서랍이나 책장의 상자에 넣어도 된다. 이렇게 보관하는 장소를 명확하게 정해두고 지킨다면 중요한 내용을 정리한 메모지나 메모장을 잃어버리는 경우는 없을 것이다. 사람은 항상 긴장하고 살기 어렵기 때문에 모든 것이 숨쉬는 것처럼 습관화되지 않으면 실수가 있을 수밖에 없다. 이런 점 때문에 좋은 습관이 생활화되어야 하는 것이다.

심리적 환경 조성도 중요

메모를 하는 이유는 대개 세 가지 정도일 것이다. 첫째 자기 자신을 관리하는 한 방편이 되는 것이다. 좋은 정보를 잘 정리하고, 학습하여 지식화하면 자신의 행동에 이롭게 된다. 메모를 단순히 일정이나 회의를 정리하는 것으로 생각하는 사람이 많은데 그렇지 않다. 메모는 각종 정보를 수집하고, 새로운 지식을 정리하여 학습하는 기회로 하는 모든 정리 행위자체를 포함하는 것으로 봐야 한다.

둘째 조직에서 업무성과를 내는데 도움이 된다. 물론 성과라는 것을 100% 측정할 수 있는 것은 아니지만 그래도 조직에서 준 임무를 잘 처리하고 처리한 내용을 잊지 않고 적절한 시점에 잘 보고하는 것이 성과 관리의 핵심이 된다.

마지막으로 조직내부나 조직외부의 일상생활에서 인간관계를 원활하게 유지하게 해준다.

정리한 메모를 잘 활용하기 위한 심리적 환경은 다음과 같다. 먼저 작성한 메모는 반드시 정리를 하여야 한다. 하루의 일과를 마친 시점에 정리를 하거나, 아침에 어제 일을 정리하고 오늘 할 일을 계획하는 메모를 하는 등 일정한 시점을 정하여 시행하여야 한다.

하루에 한 번씩, 일주일 동안 일어난 매일의 메모를 주말에 정리하고, 또한 매주 정리한 메모를 한 달에 한번씩 정리하는 것이 필요하다. 연말이 되면 한 해 동안에 매월 정리한 메모와 메모장을 한꺼번에 정리하고, 다음 해 계획에 반영하도록 한다. 메모를 정리하는 것도 규칙을 정해서 밥을 먹는 것과 마찬가지로 거르지 않는 습관을 가져야 한다.

🔑 Key Point

메모하는 환경 조성
- 메모지와 메모장을 항상 지닐 것
- 메모를 보관하는 공간을 확보할 것
- 메모를 정리하는 습관을 가질 것
- 메모를 반드시 활용하도록 할 것

제일 중요한 점은 정리한 메모를 반드시 활용하는 것이다. 중요한 약속이나 업무는 메모를 활용하여 차질 없이 수행하고, 수집한 좋은 첩보나 정보는 업무에 활용을 하여야 한다. 그러한 정보를 통하여 업무 수행 능력이 향상되고, 보고서나 기안서의 내용이 충실해질 것이다. 또한 다른 사람의 장점을 파악하였거나 자신의 결점을 지적 받았거나 스스로 발견하였을 경우에는 냉정하게 판단을 하여 행동에 반영하여야 한다. 옛 선현들이 '아는 것과 행하는 것은 다르다'고 하면서 '지행합일'을 강조한 이유를 되새겨보는 것도 마음을 가다듬는데 도움이 될 것이다.

메모를 즐거운 일로 만들기는 쉽지 않지만, 자신에게 도움이 되도록 하는 것은 어렵지 않다. 이런 식으로 노력을 한다면 메모를 하는 최적의 환경을 구축할 수 있을 것이다. 환경이 좋아야 좋은 결실을 맺을 수 있다는 단순한 자연 진리를 잊어서는 안 된다.

 Plus one

가진 것을 좀더 얻으려면, 가진 것의 일부를 주어야 한다.
농부는 많은 수확을 얻기 위해서는 많은 씨를 가져다가 땅에 뿌려야 한다는 것을 안다. 세상에 공짜는 없다는 사실을 다시 한번 더 명심하라.

S전기 30대 초반의 직장인

조직 내에서 새로운 업무를 맡게 되었다. 6년간의 업무를 바탕으로 하였을 때 일의 빠른 적응을 위해서는 메모가 필수라고 생각하여 적당한 크기의 노트와 볼펜을 항상 들고 다녔다. 그리고 선임의 업무 전달과 노하우를 보고 듣는 즉시 기록하였다. 그렇게 메모를 함으로

써 두세 번 물어볼 것도 없이 노트만 보면 혼자서 차근차근 업무를 해나갈 수 있었다.

그리고 생각하였다. 나 아닌 다른 누군가가 이 업무를 맡았을 때 내가 기록한 이 노트만 있으면 바로 업무를 시작할 수 있는 그런 '업무 설명서' 같은 것을 만들고 싶다고. 처음엔 업무의 순서와는 상관없이 보고 듣는 대로 기록하여 무척이나 지저분하고 설명도 어려워보였다. 하지만 시간 나는 틈틈이 업무의 순서를 정리하였고 말로써 설명이 힘든 경우는 그림을 그려가면서 정리를 하였다. 지금의 나는 누구보다 빠르게 업무에 적응해 있었다. 그리고 그 노트의 정리는 지금도 현재 진행 중이다.

Activity 2

왜 메모를 해야 하는가? 모 화장품 회사 직원이

제출한 리포트의 일부분이다.

현재 직장생활을 하는 우리들 중에서 메모를 하지 않는 사람은 거의 없을 것이다. 하지만 정작 "메모를 하십니까?" 하고 물어본다면 그렇다고 자신 있게 이야기할 사람도 많지 않을 것이다. 주된 이유는 메모를 어떻게 하고, 어떻게 관리하고, 어떻게 사용하는지를 잘 모르기 때문에, 현재 자신이 메모를 잘 하고 잘 활용하고 있는지 어떤지 정말 모르기 때문일 것이다. 결국 대부분의 사람들이 내가 하고 있는 것이 메모인지 낙서인지도 구분하기 어렵고 좋은 메모라는 자신감도 없다.

물론 메모에 관한 책, 메모를 잘 하는 사람들은 말한다. 메모는 잊어버리기 위해서 하는 것이라고. 그렇다. 메모는 복잡한 머리 속에서 일정 기간이 지난 후에 사용할 아이디어, 할일 등을 잠시 바깥으로 꺼내놓고 지금 하는 일에 열중하게 해주는 방법이다. 그렇기에 엄밀히 이야기 하면 메모하면 잊어버리는 게 아니고 메모를 하는 순간 머릿속에서 해당사항은 잠시 바깥으로 빼놓았다가 때가 되면 다시 메모장에서 머릿속으로 주입을 하는 것이다.

작년쯤에 메모의 기술이라는 책을 읽어보고 활용하려고 시도를 해보았지만 시간이 지나니까 제대로 되지 않고 언제부터인가 형식적으로 메모를 하게 되는 나를 발견하였다. 이번 강의를 통해서 좀더 효율적으로 메모를 하는 방법과 왜 메모를 해야 하는지를 알았으니 이제 앞으로 메모를 위한 메모가 아니라 나를 위한 메모를 해볼 것이다.

그리고 메모를 하는 목적을 명확하게 하는 것이 중요하다는 관점에서 쓴 리포트 내용 중 일부를 소개한다.

메모를 하고 나서 그것을 다시 보지 않는다면 그 메모가 전부 쓸모가 없다고 생각합니다. 그래서 메모한 것을 외우지는 못하더라도 적어도 하루에 한번은 보려고 노력하고 있습니다. 두 번 보고 세 번 보고 하다보면 자연스럽게 그 내용을 머릿속에 저장해서 언젠가는 써먹을 수 있으리라고 생각합니다. 또한 메모가 축적되고 상세하게 되면 나만의 중요한 정보가 될 수 있을 것이라고 생각합니다.

위 수강생의 지적처럼 메모는 향후에 사용하기 위해서 한다. 언젠가는 나를 위해 사용한다는 목적의식이 없다면, 힘들고 지루한 메모하는 습관을 들이기 어렵다. 열심히 활용하려는 노력이 오랜 기간 동안 변함없이 꾸준하게 메모를 하는 노력을 즐겁게 만들어준다.

Activity 3

시간을 잡아먹는 메모?

어느 대기업에 다니는 수강생의 리포트이다.

저의 경우에는 여러 가지 메모장을 활용하는 편입니다. 우선 업무용 다이어리와 개인적인 업무를 기록하는 회사업무 다이어리, 그리고 이번 강의에서 나온 정보 메모장입니다. 정보 메모장의 경우 신문이나 TV 그리고 신문 잡지 등에서 나오는 여러 가지 정보와 지식들을 정리하고 있습니다. 이 정보 메모장의 경우 용어 카테고리와 상식분야, 전문분야로 정리해서 적고 있습니다. 우선 간단하게 개념이나 용어정의 등을 써 놓고 추후에 인터넷을 활용해서 내용을 검색한 후 자세한 내용을 추가하고 있습니다.

물론 처음에는 이렇게 하는 것이 귀찮고 번거롭기도 했고 시간을 많이 빼앗긴다는 생각이 든 것도 사실입니다. 메모한 내용을 써먹는 경우보다는 내 시간을 뺏기는 경우가 많았기 때문입니다. 하지만 계속해서 정리를 해나가자 다른 사람과 대화를 하

면서 써먹는 일이 생기고 업무상으로 활용하게 되는 경우까지
생기게 되었습니다.

결과적으로 매우 효과적인 방법이라고 체험하게 되었습니
다. 이렇게 했을 경우 시사상식도 늘고 사람들과 대화할 때 유
식해 보이는 효과까지 일석이조의 효과를 내더군요. 그리고 지
속적으로 메모를 했을 경우 상식 외에도 전문분야에 대한 정리
까지 되면서 어떻게 보면 나만의 엑스파일이 되어 가는 것을 느
꼈습니다.

메모를 하는 것이 처음에는 귀찮고 효율이 높지 않다는 생각
이 들었지만 시간이 지나면서 그 효과가 차츰 커지는 것을 보고
지속적으로 꾸준히 하면 더 큰 효과가 날 것이란 생각이 들었습
니다. 앞으로는 이 메모장들의 분류를 조금 더 세분화해서 하면
어떨까 하는 생각을 하고 있습니다. 예를 들어 각 분야별로 보
험관련/경제·금융관련/IT관련 등으로 나누는 것입니다. 하지
만 메모장이 너무 많아지면 관리가 힘들 것 같아 우선 한 권 안
에서 카테고리를 나눠서 사용하고 있습니다.

4
메모해서는
안 되는 내용

21세기를 정보화시대라고 한다. 인터넷과 컴퓨터만 많이 보급하면 정보화시대가 되는 줄 착각하고 있는 정부 관료들도 많이 있지만, 정보화시대는 정보가 재화와 용역처럼 유통되는 그런 세상을 말한다. 정보를 잘 관리하고 활용하는 자가 이 세상을 지배하고 성공을 하게 될 것이다. 정보의 홍수라고 하는 세상이지만, 값어치 있고 자신에게 필요한 정보를 잘 메모하여 자신만의 정보창고를 가지는 일이 중요하다. 하지만 아무리 중요하여도 메모하여서는 안 되는 내용도 있다.

메모하지 말아야 할 것

메모해서는 안 되는 내
용이 있다는 사실을 아는 사람은 많지 않다. 기본적으로 메모지
와 메모장은 다른 사람이 보지 않고 자신만을 위해서 존재한다
는 가정을 가지고 출발을 하게 된다. 하지만 이런 개인적인 메
모지도 특정한 상황이나 불가피한 상황에서 다른 사람의 손에
들어가기도 한다. 예를 들어 분실할 수도 있으며, 도난을 당할
수도 있는 것이다. 또는 가까운 사람이 자연스럽게 의도하지 않
고 보기도 한다. 어떠한 경우를 불문하고 보안이 유지되어야 하
는 내용이 제3자에게 노출될 수도 있다. 이런 경우 기분이 안
좋을 수도 있겠지만 문제는 경제적인 손실을 입거나 윤리적인
비난을 받을 수도 있으므로 주의를 하여야 한다.

그럼 메모해서는 안 되는 내용은 어떤 것이 있을까? 우선 사적으로 아주 중요한 정보이다. 자신의 신체적, 정신적 약점이나 도덕적으로 비난을 받을 수 있는 생각 등이 있을 수 있을 것이다. 그리고 통장이나 신용카드의 번호는 수첩에 관리하는 것이 당연하지만, 비밀번호는 같이 적어 두지 않아야 한다. 카드와 비밀번호가 유출되어 예금이 인출되거나 타인이 신용카드를 도용하여 사용하는 경우가 빈번하게 있다.

이러한 범죄가 끊임없이 발생하는 이면에는 각 개인들의 개인정보 관리 소홀도 한몫하였음을 부인할 수 없을 것이다. 물론 금융기관이나 공공기관에서 신분확인을 제대로 하지 않았거나 비밀번호 관리 소홀로 인하여 범죄가 발생하는 경우도 많다.

조직생활을 하면서 인간관계를 맺는데, 커뮤니케이션 즉 대화가 주요한 역할을 하게 된다. 무엇보다도 자신만이 가지고 있는 비밀내용이나 고급 정보를 타인과 나누는 것만큼 친밀성을 높일 수 있는 수단은 없을 것이다. 하지만 누군가가 중요하고 비밀스러운 이야기를 할 때에는 메모를 하지 마라.

반대로 당신이 누군가에게 중요하고 비밀스러운 이야기를 하는데 상대방이 메모를 한다면 어떤 생각이 들겠는가? 예를 들어 회사의 중요한 인사나 영업비밀, 자금 등에 관한 내용을 주요 관련자로부터 비밀스럽게 듣게 되는 경우에 메모를 하거나 녹음을 해서는 안 되는 것이다.

상대방이 메모를 할 경우
대처요령

        사적인 비밀을 공유한다는 것이 서로를 신뢰한다는 의미로 작용을 하게 되며, 설사 그 비밀이 불법적이거나 비윤리적인 것이라 할지라도 폭로하거나 비난을 하지 못하게 된다. 이런 이유로 비밀을 공유한 사람이 각종 범죄의 공범이 되는 경우가 많다. 세상에 흔적이 남게 되면 비밀이 지켜진다는 보장은 없다. 물론 말로 들은 사람이 그 비밀을 지킨다는 보장도 없지만 말이다.

  그래도 사람의 기억이라는 것은 완전하지 못하여 시간이 지나면 잊혀질 수도 있으며, 전달되는 과정에서 해당 내용이 변질되거나 왜곡될 수도 있어 현장에서 보존된 증거보다는 비밀유지측면에서 안전한 편이다.

  직장 동료나 다른 사람과 사적인 내용이나 비밀이야기를 하는데, 상대방이 뭔가 적을 때는 눈치 채지 못하도록 화제를 다른 곳으로 돌리도록 해야 한다. 물론 화제를 바꾸는 요령이 없어서 상대방이 집요하게 그 문제를 끄집어낼 수도 있다. '친구'니 '우정'이니 하는 말로 끈질기게 묻더라도 절대로 마음이 약해져서 사실 그대로를 이야기해서는 안 된다.

  어쩔 수 없이 말을 이어서 해야 할 상황에 직면하면, 알려지더라도 크게 문제가 되지 않을 정도로 정보의 질을 다운그레이드 시키거나 정보의 양을 통제하면 된다. 정보의 질을 다운그레이드 시키는 방법은 '23. 정보원관리를 위한 메모하기'를 참조한다.

진짜로 중요한 정보는 구전으로만 전해진다. 기록을 하였을 경우, 유출될 수도 있기 때문이다. 따라서 고급 정보일수록 형태가 없이 관리되며, 돈으로도 살 수 없는 경우가 많다. 당연하게 알게 되면 여러 모로 도움이 되게 된다. 이런 고급 정보는 오랜 기간에 형성된 인간관계에 의하지 않으면 입수하기 어려우므로 평소에 주변 사람들을 잘 관리하는 것이 고급 정보에 접근하는 첫걸음이다. 세상은 공평한 법이다. 내가 다른 사람에게 신뢰를 보여주지 못하면 고급 정보를 얻을 수도 없을 것이고, 다른 사람이 믿음직스럽게 행동하지 못하면 고급 정보를 주어서도 안 되는 것이다. 하지만 세상일이라는 것이 모든 것이 내 뜻대로 되는 것이 아니므로 항상 깨어서 '심사숙고'하면서 살아야 한다.

Plus one

상대방이 비밀이야기를 명시하여 꺼낼 때 대처요령
다른 사람이 자기에게 비밀이야기를 할 때, 알 필요가 없다고 판단하거나 직무와 관련이 없을 경우 듣지 않겠다고 명확하게 거절하여야 한다. 이런 비밀은 알아서 좋은 점보다 들어서 나쁜 점이 더 많은 경우가 많기 때문이다.

메모해서는 안 되는 내용을
메모하는 요령

박부장이 김대리를 불러서 지시를 하고 있다. 지시의 내용은 이과장이 퇴사 예정이니 업무인수인계를 받으라는 것이다. 이과장이 퇴사를 하게 되면, 김대리가 과장이 될 예정이지만 공식적으로 발표될 때까지는 비밀로 하라고 하였다. 이 경우 김대리는 어떻게 메모하여야 할까?

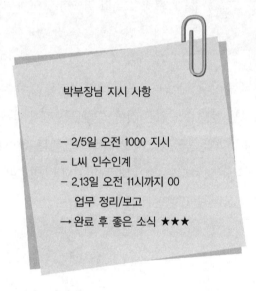

박부장님 지시 사항

- 2/5일 오전 1000 지시
- L씨 인수인계
- 2.13일 오전 11시까지 OO
  업무 정리/보고
→ 완료 후 좋은 소식 ★★★

중요 내용이나 사람의 이름 등은 이니셜로 처리하여야 한다. 자신이 과장으로 될 것이라는 비밀정보는 '좋은 소식'으로 적고 옆에 별표를 하였다.

Activity 2

숫자와 기호의 사용은 적절한 수준으로 해야 함

모 관공서 공무원이 제출한 리포트의 일부분이다.

강의에도 나왔던 것처럼 메모를 하면서 '기호와 암호'를 적극 활용하는 것도 중요하다. 수첩이나 메모지에 업무 관련자나 중요한 대외비를 기록해 두었다면 나만의 암호화 작업은 필수이다. 나는 암호나 기호를 요약한 메모지를 나만의 은밀한 곳에 보관해 두고 암호화된 메모 기록을 해독하는 작업을 한다.

예를 들어 숫자 3은 "과장님 지시사항", 자음 "ㄷ"은 대외비를 표시한다. 메모할 때 반드시 '글자'만 쓰란 법은 없지만 가장 중요한 것은 메모 흐름을 방해할 정도로 지나친 기호나 암호는 메모의 흥미를 반감시킬 수 있기 때문에 조심스럽게 사용해야 한다.

공무원이므로 국가의 중요한 비밀을 다루기도 하기 때문에 정보관리 노력이 필요하다. 특히 국가 대외비로 관리되고 있는 내용이 업무와 관련이 없는 직원이나 외부인에게 유출되어서는 안 되기 때문에 철저하게 관리할 필요가 있다.

이 수강생은 자신만의 노하우로 숫자와 기호를 적절하게 활용하고 있다. 또한 지적한 대로 지나치게 복잡하고 많은 기호는 문맥의 흐름을 끊기도 하고 흥미도 떨어뜨리기 때문에 주의가 필요하다. 자칫 자신이 사용한 기호나 숫자의 본 의미를 잊어버릴 수도 있으므로 체계적인 관리와 일관성이 요구된다.

5

메모할 수 없는 상황
대처하기

세상을 살다 보면 자신이 통제할 수 없는 상황이
많게 된다. 자신의 의지대로 하지 못할 때 답답하게 되고, 좌절
도 하게 된다. 물론 중요한 내용을 메모 하지 못하였다고 당장
영향을 받지 않을 수도 있다. 하지만 '정보가 돈이고 힘이 되는
세상'이 되었으니 정보를 잘 잡아야 한다.

정보는 '인생의 기회'와 같아서 소리 없이 왔다가 바람처럼
사라져 버린다. 그러므로 늘 깨어 있어야 좋은 정보를 소유할
수 있다. 하지만 인생의 기회도 지나간 후에나 기회라고 알게
되듯이, 훌륭한 정보도 '아차'하는 순간에 지나가고 기억을 더
듬어 보면 봄 들녘에 피어오르는 '아지랑이'처럼 가물거리게
된다.

메모할 수 없는 상황에서
행동요령

항상 메모지나 메모장을 가지고 다니기도 어렵지만, 가지고 있다고 하여도 메모를 할 수 없는 상황은 있게 마련이다. '4. 메모해서는 안 되는 내용'에서 보았듯이 친구나 동료가 중요하거나 사적인 비밀이야기를 해주거나 업무상 비밀이야기를 해주는데 메모를 하는 결례를 범할 수는 없는 것이다. 이런 경우는 아무리 '메모의 달인'이라고 하여도 어쩔 수 없는 상황이 되고 만다. 하지만 정보원을 보호하면서도 필요에 의하여 특정 내용만이라도 요약하여 정리해야 하는 경우도 있다. 누구나 이러한 경험은 하여 보았을 것이다.

이런 경우는 상황이 종료된 후 곧바로 메모지에 메모를 하면 된다. 물론 당연하게 중요 키포인트는 반드시 암기하고 있어야 하겠지만 말이다. 모든 내용을 암기하기보다는 간단하게 주요 내용과 자신이 조치하여야 할 부문 등 핵심 내용만 기억하는 것이 좋다.

대화 내용이나 중요 내용을 기억에 의존해 메모하는 것을 '복기'한다고 하는데, 복기 시에는 간혹 유출되었을 경우에 해당인이 피해를 보지 않도록 배려를 하여야 한다. 즉 사람 이름이나 중요 지명, 핵심 단어 등을 암호나 음어, 혹은 이니셜로 표기하여야 한다. 또한 조금이라도 내용을 아는 사람인 경우, 전체 문맥을 유추할 수 있기 때문에 아무리 본인이 이해하기 편하도록 한다고 하여도 이 점을 유의하여 메모하여야 한다.

메모 도구도 여러 가지가 있다는 사실을 알아보았는데, 편리하다고 한 가지만 활용하지 말고, 상황에 따라 다양하게 쓸 수 있도록 준비하는 것도 좋은 방법이다. 대부분 메모를 하기 힘든 상황에서 좋은 정보를 접하게 된다. 메모장을 휴대하고 메모하기는 어려운 상황이지만 보이스펜을 활용하기에는 편한 환경이 있을 수도 있으며, 메모하기에는 시간이 부족하지만 카메라 폰으로 사진을 찍기에는 충분할 수도 있다. 따라서 정보를 얻을 때에는 신속하게 판단하여 기억을 하거나, 메모를 하거나 다른 도구를 사용하여 증거를 남기도록 하여야 한다.

바람과 나그네

이솝우화에 바람과 태양이 서로 내기를 하는 이야기가 있다. 내용은 누구나 알고 있어 설명을 하지 않지만, 바람의 행동만 살펴보기로 하자. 겨울날 외투를 입고 가는 나그네의 옷을 벗기기 위해 바람을 세기를 높이게 된다. 하지만 바람의 의도와는 달리 바람이 세지면 세질수록 나그네는 옷깃을 강하게 여미게 된다.

정보도 우리가 의도적으로 잡으려고 노력하면 노력할수록 꼭꼭 숨어버려서 찾기 어려운 속성을 가지고 있다. 즉 내가 특정 정보를 얻기 위해서 눈에 불을 켜고 정보원을 찾아다니거나 정보원에 접근해서 대가를 지불한다고 애걸을 하여도 안 되는 경우가 많다.

훌륭한 정보를 접하게 되지만, 메모를 할 수 없는 상황을 대비하기 위해서는 항상 준비되어 있어야 한다. 기본적인 암기력도 있어야 하며, 여러 가지 상황에 적합한 메모도구를 항상 지니고 다녀야 한다. 암기력은 자신의 지적 능력, 소위 말하는 아이큐(IQ)와는 다르다. 인간의 능력은 갈고닦으면 반드시 향상되게 되어 있다. 아니면 극도의 한계상황, 혹은 절실한 필요성을 체감하게 되면 나오게 되어 있다. 평소에 머리를 잘 훈련시켜서 암기능력을 키워두는 것도 메모할 수 없는 상황에 대처하는 요령이 될 것이다.

Activity 1

메모하기 어려운 상황별 대처법

이 리포트의 주제는 '자주 가는 술집이나 음식점에서 종업원으로부터 경쟁사의 중요한 정보를 듣게 될 경우 어떻게 대처할 것인가?'이다. 물론 경쟁사가 없는

Plus one

메모장 없이 지시를 받은 경우

갑자기 상사로부터 호출을 당해 지시를 받게 되기도 한다. 이런 경우 중요 사항만 듣고 기억하도록 한다. 물론 중요한 시간 등 숫자에 관련된 것은 다시 확인하여 차질이 없도록 한다.

관공서나 특정 연구기관은 해당되지 않을 수도 있고, 술집이나 음식점에서 중요한 정보를 듣게 되는 경험을 평생 해보지 못한 사람도 있을 것이다.

그리고 해당 업소의 종업원이나 주인으로부터 나에게 도움이 될 만한 정보를 얻을 정도라면 평소에 가까운 친분관계가 있어야 한다. 메모하기 어려운 상황에 대한 대처법, 정보원을 보호하기 위한 방법, 특별한 상황에 대한 대처법, 주변 사람들과 평소에 친분을 쌓는 것이 중요하다는 점 등 다양한 관점을 가지고 이 주제에 접근할 수 있을 것이다. 아래 리포트도 특정 상황을 세 가지로 구분하여 대처하고 있어 흥미롭게 읽은 경우라 소개해 본다.

정보를 입수하는 상황이 구체적으로 어떠냐에 따라서 메모가 용이할 수도 그렇지 않을 수도 있을 것이다. 본인과 그 종업원이 대면하여 이야기하는 과정에서 중요 정보를 듣게 된 경우, 그 종업원이 제3자와 이야기 하는 것을 그 주변에 앉았다가, 혹은 그 주변을 지나치다가 우연히 한 두 마디를 듣게 되는 경우 등 다양한 경우가 있을 수 있다.

첫째 대면해서 듣게 된 경우라면 비밀리에 경쟁사의 정보를 제공해주는 상대방의 면전에서 메모지를 꺼내 기록하거나, 녹음기로 녹음하는 등 바로 그 정보를 기록한다는 것은 어렵기 때문에 주요 내용을 암기해야 한다. 핵심단어, 숫자나 고유명사 등을 암기해 둔 후 그 자리를 벗어났을 때 조용한 곳에서 생각을 정리해 즉시 메모지에 복기해 둔다.

그러나 대화가 길어지고 암기할 사항이 많아서 중요사항을 모두 암기하기가 도저히 어렵다고 생각된다면 정보를 듣는 중에 급히 화장실을 다녀와야 하겠다든가 하는 적당한 핑계를 대고 잠시 자리를 떠나야 한다. 현장을 벗어나서 메모지에 주요 내용을 메모하거나, 휴대폰 음성녹음, 전화사서함 등을 이용해 녹음해 두고 다시 추가 정보를 입수하거나 자리를 마무리 한다. 혹시 보이스펜이나 녹음 기능이 있는 MP3 등을 가지고 있다면 녹음상태로 전환해 안주머니에 넣어두고 대화 자리로 돌아가 녹음을 하는 것도 재치 있는 방법이다.

둘째 주변에 앉아 있다가 듣게 되는 경우이다. 이 경우 대화의 당사자와 상관없는 자리이기 때문에 대화의 당사자들에게 별다른 눈치를 채이지 않으면서도 메모지를 꺼내놓고 메모하거나 녹음기로 녹음할 수 있다.

셋째 주변을 지나다가 우연히 몇 마디 듣게 될 수도 있다. 이 경우 더 확실히 들을 수 있게 가까이 다가가거나 주변에 자리를 잡고, 주요내용 요약 메모 등 대면의 경우보다 편안히 메모할 수 있다. 물론 주변에 자리를 잡을 수 있는 환경이나 핑계거리를 잘 찾는 것이 중요하다.

위의 내용이 문제가 없다거나 상황에 대처하기에 아주 적합하다고 하기 어려울 수도 있다. 하지만 다양한 환경에서 적합한 방법을 찾고, 수집한 첩보를 어떤 방식으로 활용할 것인지 등에 관한 행동요령을 파악하는 데 참조하면 도움이 될 것이다.

경쟁사의 핵심정보를 입수하였을 경우 행동방식

자주 가는 술집에서 우연히 종업원으로부터 경쟁사의 핵심정보를 입수하였을 경우 행동방식을 기술하라는 주제에 대한 리포트이다.

먼저 종업원의 핵심정보가 자료를 근거인진, 첩보인지, 단순한 정보인지를 구별을 해야 한다. 수집된 다양한 첩보, 즉 경쟁사의 상황, 경쟁사가 위험한지 건전한 성장을 하고 있는 지 등으로부터 정확한 분석을 통해 고급 정보를 입수할 수 있다. 이러한 과정은 다음과 같다. 정확한 문제를 설정하고 제기된 문제에 가설을 설정을 한다. 그리고 가설을 검증하기 위해 필요한 첩보를 수집한다. 그리고 이 첩보 중 제기된 문제와 연관성이 있을 경우에만 활용 가능하다.

다음으로 가설을 평가하는 데 선입견이나 일방적 기준을 적용하지 말아야 한다. 그리고 가설 중에 최선보다 최적의 가설을 선택한다. 가설을 선택한 후에도 정보 분석에 영향을 미칠 수 있는 첩보가 변할 수 있으므로 계속해서 모니터링을 해야 한다. 첩보를 평가할 때는 가치 있는 정보를 생산하는 데 가치가 있는지에 따라 질을 따져야 한다. 정보가 필요한 시안과 어느 정도 관련이 있는지 적합성, 보고할 시점에 정보가 수집이 되는지의 적시성, 정보가 어느 정도 사실과 부합을 하는지의 정확성, 종업원의 개인적인 의견이 들어 있는지 없는지의 객관성 등 네 가지를 체크하여 가치를 따져야 한다.

위와 같은 체계적인 개념을 가지고 사실에 입각한 정보와 본인의 아이디어를 기초로 하여 정보를 메모하거나 녹음하도록 한다. 이렇게 하는 방법은 다음과 같다. 먼저 전체 흐름과 결론을 파악을 한 후 상세한 내용을 정리해 나간다. 각종 첩보와 단편적인 정보를 기반으로 종합적인 보고서를 효율적으로 작성한다.

보고서는 본인이 내용을 충분히 이해한 후에 작성해야 한다. 객관적인 입장에서 사실을 서술할 필요도 있다. 장황하지 않고 쉽게 풀어 쓰도록 노력한다. 간단명료하고 체계적인 설명으로 문맥을 구성해야 한다. 또한 공식적인지 비공식적인 정보인지를 판단하고 공식적인 경로를 우선시한다. 만약 첩보가 비공식적인 경로를 통한 것이라고 판단이 될 경우 공식정보를 보완하는 수준에는 활용할 필요가 있다.

또한 메모 시 본인만 아는 기호나 약어로 기록하는 등 출처의 경우 이니셜로 표기하는 것이 좋다. 해당 정보를 다른 사람이 볼 경우나 불가피하게 유출될 경우를 대비해야 한다. 고급정보인 경우 보안 유지를 위해, 다운그레이드시켜 메모하여 보관하도록 한다.

위의 리포트를 보면 메모를 첩보의 단계를 넘어 정보로서 잘 활용할 수 있는 전략적 메모의 기술을 잘 이해한 것이다. 우리는 살다가 보면 뜻하지 않은 장소에서 이런저런 이야기를 듣게 된다. 단순한 가십거리여서 넘어가기도 하고, 조금 자신과 연관성이 있을 경우 다른 사람에게 전파하기도 한다. 이런 것을 소문이라고 한다. 소문을 잘못 전파해서 조직에서 욕을 먹기도 하고, 인기를 얻기도 한다. 이 상반된 두 가지 경우는 운에 의해져 정해지는 것이 아니라, 당사자의 역량과 노력에 따라 정해진다.

위와 같은 상황에 처해지게 되면 일단 수집한 첩보의 진의성이나 객관성을 파악하고, 첩보분석 6단계에 의하여 구체적으로 분석하려는 시도를 해야 하는데 이 점은 적절하다. 다음 다른 첩보나 자신의 지식을 기반으로 종합보고서를 작성하여 조직에 보고하거나 자신의 업무에 활용하면 된다.

항상 중요하게 생각할 것은 비공식정보는 공식정보를 보완하는 차원에서만 활용해야 한다는 점이다. 너무 비공식정보에 의존을 하게 되면 잘못된 첩보에 의해 불완전한 의사결정을 할 수 있다. 이런 경우 학습한 메모의 기술을 종합적으로 활용하면 좋은데, 정보원을 보호하는 기호나 암호, 정보의 질 다운그레이드 등이 이러한 경우에 적용할 수 있는 노하우이다.

마케팅에 활용되는 연예인과 바람직한 인생

요즘은 소위 말하는 '마케팅의 시대' 즉 홍보의 시대이다. 그만큼 홍보가 중요하다는 말이다. 제품을 만드는 것도 중요하지만, 고객들에게 제품의 질이나 가격을 홍보하는 마케팅도 제작만큼 중요한 시대가 된 것이다.

과거에는 만들기만 하면 팔렸지만, 이제는 만들기 전에 고객의 수요, 즉 Needs를 파악하여 잘 만들어야 한다. 물론 아직도

'매스마케팅'의 위력이 살아있어 대규모의 홍보를 통하여 소비자의 선호를 조작하거나 유리한 정보만을 제공하여 판단을 흐리게 하기도 한다. 이러한 홍보수단의 하나로 유명 연예인을 활용하게 된다. 연예인들이 출연한 특정 드라마나 그 드라마에서 연기한 이미지가 해당 제품이나 서비스의 이미지로 철저하게 활용되는 것이다. 해당 연예인의 사생활이나 지식, 개인적인 이미지는 가려지고, 가식적이고 연출된 이미지가 대중들에게 각인된다.

연예인들의 '경제활동 수명'은 매우 짧은 편이다. 경제활동 수명이라는 것은 자신의 이미지를 가지고 효율적인 경제활동을 하는 기간을 말한다. 다시 말해서 돈을 벌 수 있는 기간이 그렇게 길지 않다는 것이다. 그러다 보니 소위 말하는 '뜰 때' 돈을 벌기 위해서거나, 아니면 '한 물'간 경우에 무차별적으로 가능한 광고에 나오는 것이다. 단군 이래 최대의 사기사건이라고 하는 다단계업체인 '제이유'에도 유명 연예인들이 '얼굴마담'으로 활동하였다. 물론 본인들은 자신들도 투자를 하였고, 투자금을 제대로 회수 못한 피해자라고 하지만, 많은 사람들이 그런 유명한 연예인들도 투자를 하였으니 당연히 신뢰성이 있는 기업이라고 생각하여 투자를 한 것이다. 또 과거 사금융으로 치부되고 사회적인 부작용을 많이 일으키고 있는 사설대출업체들의 광고에도 한때 잘나가던 스타 연예인들이 나오고 있다. 당연하게 정상적인 제도금융권의 대출을 받지 못하는 젊은이들을 겨냥한 것이다. 이들 연예인들의 깨끗한 이미지가 부정적인 사금융대출사업을 가려주는 셈이다.

그럼 이런 광고들의 문제점은 무엇인가? 일반 소비자들이 착각을 하게 되고, 정상적인 판단을 하지 못하게 되어 사회에서 지탄을 받고 있는 다단계 피라미드가 정상적인 사업으로 보이고, 그 업체의 사장은 성공한 기업인으로 인정을 받는 것이다. 물론 현명한 사람들은 그 이면에 숨겨진 진실을 알겠지만 대다수의 평범한 사람들은 알지 못하고 흐름에 휩쓸려가게 된다. 연예인들도 자신도 돈을 벌기 위해서 어쩔 수 없다고 하겠지만 그동안 자신이 잘 나갈 때 자신에게 호감을 가진 대중들을 속이는 일이라는 사실을 인식해야 한다.

인기에 살고, 먹고 살기 위해서 돈을 벌어야 하겠지만 이런 식으로 망가지면 다시 좋은 이미지를 쌓기 어렵다는 것을 알아야 한다. 따라서 그런 문제가 있는 광고에 출연하지도 않고 돈을 벌 수 있는 방법을 찾아야 한다. 너무 쉽게 돈을 벌려는 생각을 버려야 한다. 또 수많은 대중들은 그들보다 훨씬 힘든 방법으로 훨씬 적은 돈을 벌면서 먹고 살고 있다는 사실을 알아야 한다.

이런 세태 속에 자신들의 영역을 초지일관 오랜 기간 지켜서 인생 말년이 되어서야 빛을 보는 연예인들도 있다. 여자 연예인으로서 잘생기지도, 키가 커지고 않고 조그마한 체구에 수십 년간 조연으로 활동하고 있는 '전원주' 씨는 작년에 자서전을 출간하고 강연활동도 하고 있다고 한다. 그리고 주몽의 '이계인' 씨도 도둑이나 그저 그런 연기만 하다가, 소신 있는 연기로 최근에 연기인생 수십 년만에 팬클럽 미팅을 처음으로 하였다.

오랜 기간 살아남은 사람들은 반짝하는 인기나 오랜 무관심에도 자신만의 영역을 꾸준히 지키면서 자기계발을 한 사람들이다. 이런 연예인들도 있는데, 조금 인기가 식었다고 돈을 조금 벌지 못한다는 등의 이유로 자신의 목숨을 끊거나 부부가 이혼하는 연예인들도 있어 안타깝다. 모든 이에게 자신의 인생이 소중한데, 인생을 너무 쉽게 생각하고 단시간에 모든 것을 걸었기 때문이 아닐까 생각한다. 좀더 멀리 보고 인기와 돈만이 아닌 다른 인생의 행복요소를 발견하였으면 한다.

6
책상 위의 메모지나
메모장 관리

        일반 사무실이나 가정을 방문하여 보면 작성하다
가 중단한 문서, 참조하던 문서, 관련 책자, 수첩, 각종 메모지
가 책상 위에 어지럽게 놓여 있는 경우가 대부분이다. 이런 어
수선한 분위기 속에서 업무에 집중하거나 원하는 메모지나 문
서를 찾기는 쉽지 않을 것이다. 또한 다른 사람이 보지 않아야
하는 사적인 내용이나 업무내용이 책상 위에 버젓하게 올려져
있을 수도 있다. 이러한 경우를 대비하여 책상 위의 메모지나
메모장을 어떻게 관리하여야 하는지 알아보자.

비밀정보를 지득하여 활용

개인적인 내용을

동료나 상사, 부하직원이 보는 것도 문제가 되지만 보지 않아야
될 사람이 보는 것은 더욱 큰 문제이다. 예를 들어 비서나 아랫
사람이 상사의 책상을 정리하면서 책상 위에 펼쳐진 문서나 메
모를 보고 중요 내용을 파악할 수도 있고, 결재를 맡거나 업무
보고를 하러 왔다가 우연하게 볼 수도 있다. 이러한 상황에서
그냥 눈으로 보고 암기할 수도 있고, 자신의 업무활용이나 기타
의 이유로 복사하기도 한다. 사람들이 통상적으로 이런 정보를
다음과 같은 세 가지 목적으로 활용하게 된다.

첫째 자신의 성과관리를 위한 것이다. 상사나 동료가 무슨
업무를 진행하고 있고, 어떤 내용을 중점적으로 관리하는가 하

는 것을 알고서 자신의 업무에 반영하는 것이다. 예를 들어 조직이 '매출성장'을 기여한 직원을 승진시키기로 방침을 변경하였다면, 그동안 자신이 중요하다고 생각하여 중점적으로 관리하던 제품의 '수익성'을 포기하는 것이다. 어떻게 보면 상당히 긍정적인 압력으로 작용하게 되어 큰 문제가 없다.

둘째 지득한 정보를 통해서 조직관리를 하는 것이다. 조직에서 항상 최신의 고급 정보를 획득하는 것은 어렵기 때문에 하나의 능력으로 통용된다. 이러한 정보를 제공하여 줄 수 있거나 획득할 능력이 있는 사람에게는 직급과 관계없이 많은 사람들이 친근하게 지내려고 한다. 회사의 대표이사가 변덕스럽고 원칙이 없으면 임원이나 직원들이 비서에게 접근하여 정보를 획득한다. 물론 비공식적으로 대표이사의 감정이나 신상변화 등에 관련된 정보를 얻을 수 있는 사람이 인기도 있게 되고 조직에서 영향력을 행사하기도 한다. 이런 경우 조직의 위계질서가 무너지고 조직원들이 성과달성보다도 눈치만 보는 식의 부작용이 발생하지만, 조절만 적절하게 하면 그렇게 심각한 지경에까지 이르지 않게 된다.

마지막으로 자신의 신분 보장이나 금전적 이익 추구를 위한 협상도구로 활용하는 것이다. 조직의 업무라는 것이 항상 적법하게 처리되고, 윤리적으로 전혀 문제가 없는 경우는 드물다. 오히려 완전하게 불법적인 것은 아니지만, 탈법적이거나 비윤리적인 경우가 더 많다. 특히 조직의 리더들이 비밀리에 관리하여야 하는 업무 중에는 이러한 색채를 가진 것이 더 많다. 이런 정보를 입수한 조직원이 비밀유지를 조건으로 돈을 요구하거나 승진을 요구하는 경우도 있다. 또한 해고를 당하거나 퇴직 시에 고용유지를 요구하기도 한다. 현실에서 심심찮게 일어나고 있는 현상들이다.

책상 위의 비밀관리 요령

그러면 위와 같은 사태를 방지하기 위해서는 어떻게 하여야 하는가? 일단 책상 위는 가급적 잘 정리하여야 한다. 먼저 책상 위의 메모지나 메모장 중 중요하거나 사적인 것은 책상서랍에 보관하도록 한다. 우리네 평범한 사람들은 누구나 호기심을 가지고 있다. 그냥 어지럽게 펼쳐져 있는 문서나 메모들을 보게 되면 호기심이 생기기 마련이다. 나쁜 마음이 들어서가 아니라 자연스럽게 그렇게 되는 것이다. 왜냐하면 우리 대부분은 '해탈한 도인이나 성인군자가 아니라 평범한 인간'이기 때문이다.

🔑 Key Point

책상 위의 메모 관리 노하우

- 중요하거나 사적인 메모는 책상 속에 보관할 것
- 책상 위에 둘 경우 덮어두거나 서류 속에 넣을 것
- 퇴근 및 외출 등 자리를 비울 시 가지고 갈 것

두 번째 책상 위에 두는 메모지나 메모장은 남에게 보이지 않게 해야 한다. 예를 들어 메모지는 수첩 사이에 넣어 둔다거나 메모장은 덮어두어라. 이렇게만 해 두어도 특별한 목적을 가지고 있지 않은 경우에는 열어보지 않는다. 만약 이러한 조치를 취해두었는데도 펼쳐 보는 사람이 있다면 선의는 아니라는 사실을 알고 대비를 잘 하는 것이 좋다.

세 번째 퇴근 및 외출 시는 메모장은 가지고 다닌다. 어차피 메모장을 책상 속에 고이 모셔두기 위해서 샀거나 메모를 하는 것은 아닐 것이다. 실제 외부에 가지고 다니면 갑자기 업무가 생겨서 메모를 하거나, 중요한 일을 처리하여야 할 때 메모장의 내용을 참조할 수도 있기 때문이다.

Activity

김대리가 박부장에게
호되게 질책 받은 내용 메모

김대리가 박부장에게 불려가서 업무처리를 잘 못했다고 혼이 났다. 물론 자기 잘못도 있지만 부장이 너무 야단쳐서 서운하기도 하고, 회사 생활이 갑자기 싫어졌다. 자기가 생각하기에 별로 중요한 일도 아니고, 자기는 박부장이 지시한 대로 하였는데 억울하였다. 이런 심정에서 김대리는 메모를 하였고, 며칠 지나서 부장님이 너무 심하게 야단쳐서 미안하다고 하면서 다른 일을 칭찬하자 모든 감정이 풀렸다. 이런 경우 김대리는 어떻게 메모하여야 할까?

Plus one

책상 위의 정리정돈은 철저히
책상 위를 잘 정돈하는 사람은 실수가 적다. 그리고 그런 사람의 책상 위에 중요한 문서가 있어도 보려고 하지 않는다. 이미 잘 정리되어 있어서 펼쳐진 것은 중요한 것이 아니라고 생각하기 때문이다.

2/5(월) 13:00 박부장에게 불려감

-지난 주 B사 고객 클레임처리
 미숙으로 열나게 깨짐
-중요한 일도 아닌데, 오버함
-회사도 싫다, 인간도 싫다
-?????

2/5(월) 13:00 박부장에게 불려감

-지난 주 B사 고객 클레임처리
 미숙으로 열나게 깨짐
-중요한 일도 아닌데, 오버함
-회사도 싫다, 인간도 싫다
→ 박부장도 사장님에게 혼이
  났다고 하여 조금 이해도 됨
→ 무조건 말대꾸를 하여 박부장이
  화를 낸 것으로 보임, 신중!

　　왼쪽의 메모장은 위로를 받기 전의 메모장이고, 오른쪽의 것
은 위로를 받고 진한 글씨로 자신의 생각과 향후 행동요령을 추
가한 것이다. 자신만의 메모이니 지우거나 새로 쓰기 보다는 기
존 메모를 보완하는 정도로 관리하는 것이 좋다. 그럴 경우, 자
신의 역사를 관리할 수도 있고, 반성을 통하여 향후 자신의 행
동에 좋은 영향을 끼칠 수도 있다.

7

책상주변 메모관리

조직생활을 하는 사람들의 책상에는 대개 컴퓨터와 일정관리를 위한 탁상형 달력이 놓여 있다. 그리고 앞에서 살펴본 것처럼 책상 위는 서류들이 펼쳐져 있을 것이다. 책상 위의 문제들은 앞에서 살펴보았으므로, 여기서는 책상 주변을 한번 보기로 한다. 인사나 총무 등 내근을 하는 업무를 맡고 있든, 영업이나 마케팅, 홍보 등 외근을 많이 하는 직원이든 자신의 책상과 컴퓨터는 한 대씩 사용하고 있다. 물론 몇몇 외국계 기업에서는 노트북을 지급하고, 직원들의 고정 책상을 없애서 누구나 출근하면 자신이 편한 책상에서 업무를 보기도 한다. 하지만 아직도 대부분의 조직에서는 각 개인들에게 책상과 컴퓨터를 지급하고 책상 사이는 파티션으로 구분하여 준다. 이러한 환경에서 책상주변 메모를 관리하는 요령을 살펴보자.

메모가 관리되는 현상

책상의 앞면에는 항상 컴퓨터 모니터가 위치하고 있기 때문에 책상에 앉아서 업무를 처리할 경우에 눈길이 가장 많이 가게 된다. 그래서 컴퓨터 모니터와 그 주변에는 각종 메모지가 덕지덕지 붙어 있다. 메모지 내용을 보면 각종 사이트의 아이디, 비밀번호, 친구와의 약속 일자와 장소 상사의 지시사항, 긴급하게 처리하여야 할 주요 업무 등 정말 다양하다.

또한 모니터 옆에 놓인 달력에도 각종 일정이 빼곡하게 적혀 있거나 표시되어 있다. 회의 일정, 공적 및 사적인 모임 일정과 장소, 업무 처리시한 등 대부분 수첩에 있는 달력보다 탁상용 달력을 통하여 일정을 관리하는 경우가 많으므로 달력이 복잡할 수밖에 없다.

사무실에서 메모지를 관리하는 방법 중의 하나가 책상을 구분하는 파티션의 공간을 활용하는 것이다. 과거에는 압정이나 풀, 테이프 등으로 메모지를 고정하는 경우가 많았지만, 요즘은 파티션에 철판이 들어 있어, 자석으로 메모지를 고정할 수 있다. 파티션도 사무실 인테리어의 한 부분이어서 색상도 좋고, 직장인들이 책상 앞의 파티션에 메모지를 붙여 관리하는 경우가 많으므로 이런 용도에 맞게 메모고정용 자석 등이 많이 판매된다. 메모지 고정용 자석을 파티션제작 회사들이 판촉용으로 나누어 주기도 하고, 지하철역에서 홍보용으로 나누어 주기도 한다. 직장인들의 메모관리 습관을 잘 알고 하는 마케팅의 도구이다.

효과적인 책상주변 메모관리

사무실의 방문하여 직원들의 책상을 보게 되면 대부분의 경우에 앞에 설명한 내용이 맞을 것이다. 물론 메모지도 많이 붙어 있고, 파티션에 많은 메모지를 붙여 두고 업무를 보는 직원이 성실해 보이기도 하고, 빈틈도 없을 것으로 생각하는 상급자나 동료도 있을 것이다. 그럼 어떻게 하는 것이 책상 주변의 메모를 효과적으로 관리하는 방법일까? 첫째 메모지 중 시한이 지났거나 이미 처리하여서 관리할 필요가 없는 것은 없애버린다. 실제 스스로를 돌아보아도 이미 처리한 메모내용을 그냥 귀찮아서 붙여 두는 경우도 많다. 특별히 메모지를 붙이는 공간이 부족하지 않은 경우에는 그대로 두고 참조하기도 하고, 책상 위의 액세서리처럼 보이게 두기도 한다.

둘째 가급적 개인적 일정이나 내용에 관련된 메모지는 메모장에 관리한다. 책상 주변에는 시급한 업무나 잊어버리기 쉬운 일을 메모하여 붙인다. 평소에 이런 식으로 구분을 하여 메모지를 관리하는 습관을 들이게 되면 자기 최면이 되어 책상 주변 메모지에 집중을 할 수 있다.

셋째 업무에 관련된 내용이라도 하여도 다른 사람이 보아서는 안 되는 내용은 메모장에 별도로 정리하여 관리한다. 다른 동료나 아랫사람뿐만 아니라, 상사라고 하여도 마찬가지이다. 조직의 업무라는 것이 단순하게 계통상으로 처리되기도 하지만 그렇지 않은 경우도 있으므로 잘 구분하여 관리하도록 한다.

Key Point

책상주변 메모관리 노하우
- 처리하였거나 시한이 지난 자료는 파기할 것
- 사적인 내용과 업무는 메모장으로만 관리
- 중요 내용은 메모장의 별도 공간에서 관리

조직생활을 하면서 업무에서 성과도 내어야 하고, 주위사람들과 원만한 인간관계도 유지하고, 상사에게 인정을 받도록 하는 것이 자기관리이다. 메모를 잘하여 중요한 일을 처리하고, 자기계발을 하여 업무 효율을 높이는 것이 중요하다. 하지만 잘못 관리한 메모가 자신을 오히려 난처하게 하는 경우도 있다.

예를 들어 어떤 직원이 회사에 예정하지 않은 회의가 있는데,

집안에 중요한 일, 즉 제사나 가족이 아프다는 핑계로 조퇴나 결근하였다. 상급자가 위로를 하거나 위로금이라도 줄려고 책상에 갔다. 그러나 이미 나간 뒤라서 본인을 만날 수 없었다. 평소에 어떻게 생활하는지 궁금하여 책상 위를 보게 된다. 달력에 '여자친구와 영화구경'이라는 메모가 되어 있는 것을 보게 되었다. 이 경우 상급자는 배신감을 느끼게 되고, 이 직원은 앞으로 조직생활이 고달프게 될 것이다. 이렇게 부주의하게 관리한 메모로 '완전범죄'가 발각된 것이다.

산만한 책상 위는 정리하자

Activity

모 관공서 공무원이 적은 내용이다.

내 책상 앞에는 내가 적어놓은 메모들이 변변한 메모장도 없이 이곳저곳 여백의 종이들에 널려 있다. 메모가 산만하여서 그날그날 필요한 내용들을 찾기가 쉽지 않고, 관리가 쉽지 않아 메모한 것이 너무 지저분하게만 느껴질 때가 있다. 기억하기도 잊어버리기도 쉽지 않은 메모습관이다.

특히나 정보습득을 위한 메모의 형태는 지금까지 해오지 못

 Plus one

파티션에는 연간목표와 조직도만 붙인다

파티션에 연간목표를 붙여두면 시각적인 효과도 있고, 다른 사람에게 업무에 충실하다는 인상을 줄 수 있다. 또한 조직도를 붙여두면 업무협조연락이나 부서별 업무 분장 시에 용이하게 활용할 수 있다.

한 것이 아쉽다. 그때그때 필요할 때만 정보들을 기입해서 활용해왔지, 그것을 데이터베이스화해서 내 지식으로 활용할 생각은 못했었던 것 같다. 하나하나의 메모들을 모아 놓으면 나중에 기획할 때 유용하게 사용될 수 있기에 순간 지나가는 아이디어로만 머무르지 않게 하기 위해서도 나름대로의 노하우 메모장을 만들어놓는 것이 필요하겠다.

개인적인 경험을 바탕으로 살펴보면 너나 할 것 없이 대부분의 직장인들 책상 위는 위 수강생의 고백과 별반 다르지 않으리라고 본다. 어떤 직장에서는 책상 위가 어지럽게 늘려 있는 직원이 일을 열심히 잘하는 것이고, 책상 위가 깨끗한 직원은 일도 하지 않고 요령만 피우는 것으로 인정받기도 한다. 또 수첩은 회의 때만 활용하고 평소에는 묶은 이면지에 체계 없이 메모하는 습관을 가진 사람도 많다. 그러나 그런 경우 나중에 메모를 찾으려고 해도 어디에 있는지 헤매거나 영원히 찾지 못하는 경우가 대부분이다.

관공서에 일이 있어서 방문한 적이 있는데 담당 공무원이 이면지 묶음을 들고 와서 회의 내용을 몇 자 적으면서 낙서만 하는 것을 보고 신뢰감이 전혀 가지 않은 적이 있다. 당연하게 그 공무원의 책상 위는 각종 서류가 어지럽게 펼쳐져 있었다. 담당하고 있는 업무가 많아 정말 고생한다는 생각보다, 중요한 민원인과의 면담내용을 대충 묶은 이면지에 적는 것을 보니 어떤 업무가 중요한지 모르고, 업무 처리 프로세스를 제대로 진행하지 못할 정도로 업무능력이 부족하다고 판단되었다.

개인의 일기와
국가역사와의 관계

부지런한 사람은 자신의 일
기를 매일 매일 쓴다. 물론 조금 덜 부지런한 사람은 며칠에 한
번씩 쓸 것이다. 일기는 대부분의 사람들에게 학교 다닐 때 숙
제로 열심히 쓰다가 성인이 되면 쓰지 않게 된다. 자신의 인생
기록임에도 불구하고 귀찮다고, 또는 매일 특이한 일이 없다고
쓰지 않는다. 하지만 그래도 일기를 쓰면, 하루일과를 정리하
는 측면에서 기분도 좋고, 뭔가 복잡하고 난해한 일들이 스스로
정리된다는 안도감을 얻을 수 있어 개인에게는 참으로 좋은 일
이다.

일반인들이 일기를 쓸 때 그날 일어난 일을 모두 거론하지는
않는다. 오히려 중요하거나 특이한 일을 쓰고, 자신의 감정이나
반성, 교훈 등을 적는다. 한 나라의 역사도 이런 점에서는 마찬
가지이다. 과거에 있었던 모든 사실을 있는 그대로 남김없이 모
두 긁어모아 역사를 쓰는 경우는 없다. 여러 가지 사실들 중에
역사적 가치가 있는 사실들이 위주가 되어 집필된다. 여기서 그
기준은 '뭔가 기록할 만한 필요 내지는 가치를 가지는가.'이다.
따라서 역사를 쓰는 사람에 따라 주관이 개입하게 되고 완전한
객관적 역사 서술은 없다고 볼 수 있다.

어떤 학자는 민중의 생활을, 어떤 학자는 왕조의 변화를, 어
떤 학자는 문화변천을, 어떤 학자는 법률의 변화를 중점적으로
다룬다. 자신의 양심과 판단, 가치기준에 따라서 수많은 사실들
중에서 취사선택하여 서술하는 것이다. 따라서 모든 역사서를

이해하기 위해서는 기록자의 입장이나 가치관을 먼저 알아야 한다. 또 개인의 일상사를 적는 일기도 마찬가지이다. 초등학생은 그날 일어난 일은 시간대별로 모두 적지만, 중학교만 들어가도 중요한 일만 취사선택하여 정리하고 자기의 생각을 적게 된다. 어떤 일을 적게 된 이유와 자신의 생각, 그 일에서 느낀 점 등을 정리하는 것이다.

그런데 시간이 지나 그 일기를 보면 조금 유치하게 생각되는 부분도 있고, 다르게 해석되는 곳도 있다. 그것은 우리의 지식과 생각, 가치관이 시간의 흐름에 따라 변화되었다는 것이다. 모든 과거의 사실이 그 자체로서 의미를 가지는 것이 아니라, 사실 상호간의 연관성을 해석함으로써 하나의 통합된 전체를 형성하게 된다. 따라서 항상 지나간 과거를 되돌아보고, 해석하려는 노력을 게을리 해서는 안 된다. 우리가 국가의 역사와, 자신의 일기를 해석함에 있어서 스스로 문제를 느끼고 과거에 의문을 던질 때만이 그 내면의 진실과 가치를 이해할 수 있다. 우리의 삶을 적은 일기는 인생의 거울 같은 존재이다. 좋고 나쁜 게 없는 것이다. 있는 그대로 기록하고 기록된 그대로를 받아들이면 된다. 그리고 시간이 지나면 해석해 보고 의미를 부여하면 된다. 국가의 역사도 반드시 과거의 진실만을 담고 있다고 얘기하기 어려운 측면이 있듯이 일기도 자신의 분노와 주관적인 생각이 개입될 수도 있다. 그렇다고 걱정할 필요가 없다. 그런 행위와 걱정 자체가 성인군자가 아닌 대부분 사람들의 인생이기 때문이다. 이 참에 매일매일 한 줄이라도 일기를 쓰는 결심을 한번 해보는 것은 어떨까?

8

메모지나 메모장
잃어버리지 않기

　　　메모장이나 중요 메모를 한 번도 잃어버리지 않은
사람은 없을 것이다. 중요한 메모를 수첩에 끼워두었거나 양복
윗주머니 속 혹은 지갑에 넣어 두었는데 찾을 수 없어서 당황했
던 경험이 있을 것이다. 개인적으로 이런 경험을 하였을 때 다
른 것은 별로 고민이 되지 않았는데, 친구나 지인들의 연락처
때문에 고민을 많이 하였다. 물론 요즘은 휴대전화에 전화번호
를 몇 백 개씩 저장할 수 있어서 그런 고민을 조금 덜기는 하였
지만, 그래도 수첩 내용을 어떻게 복구할 수 있을 것인가를 고
민하게 된다.

잘 관리하기

중요 메모나 메모장을 잃어버리지 않기 위해서는 어떻게 해야 할까? 간단한 내용인데도 메모를 하는 사람도 많은데, 메모하지 않아도 되는 내용이라면 하지 않는 것도 요령이다. 사소한 내용마저 메모를 하여 관리하게 되면 중요 정보관리에 대한 집중력이 떨어지게 된다. 또한 인간의 두뇌는 자주 사용하여야 하는데, 너무 외형적인 도구에 기억력을 의존하게 되면 능력이 퇴화된다. 가끔씩 자신의 기억력을 테스트할 필요가 있다. 예를 들어 크게 중요하지 않아 잃어버려도 무방한 업무나 일을 메모하지 말고, 기억력에 의존하여 처리하도록 한다. 중요하지 않은 사람의 전화번호를 삭제하고 며칠씩 지나서 기억해보는 것도 도움이 된다.

다음으로 메모지의 보관과 정리는 일정하게 정해진 원칙에 따라 하면 좋다. 메모지에 메모를 했다면 가급적 읽어버리지 않을 장소에 넣어 둔다. 즉 수첩 안이나 매일 입는 양복 주머니, 책상 서랍 안 등에 보관한다. 매일 아침 일어나거나 출근을 하면, 어제 일어난 일이나 정리해야 할 메모지를 분류하여 정리하고, 메모장에 옮겨 적는 습관을 들이는 것이 좋다. 정리하고 나서 필요성이 없는 메모지는 바로 파기시킨다. 물론 저녁에 자기 전에 하면 좋지만 늦게까지 술을 마시고 귀가하거나 야근을 하는 등의 경우가 많아 생활이 그다지 규칙적이지 못한 직장인은 지키기 어렵다. 이럴 때에는 다음날 아침 맑은 정신으로 정리하는 것도 좋은 방법이 될 것이다.

메모장을 잃어버려서 받는 타격은 매우 심각하다. 메모장에는 방대한 양의 정보가 들어 있기 때문이다. 한 번 잃어버리면 완전한 복구가 거의 불가능하므로 절대 잃어버리지 않도록 한다. 메모장으로 대개 시스템 다이어리를 사용하는데, 손에 들고 다니다가 지하철 선반에 두고 내리거나 음식점이나 술집에 두고 오는 경우가 있다. 평소에 다니는 장소이거나 운이 좋아서 다시 찾으면 좋지만, 돈도 되지 않는 그런 수첩을 찾아 주려고 노력하는 사람은 거의 없다. 본인의 입장에서야 얼마간의 돈보다 더 값어치가 있겠지만 말이다.

메모장을 잘 간수하는 요령

메모장을 잘 간수할 수 있는 요령에 관해 알아보자.

첫째 메모장은 본인이 항상 인지할 수 있을 정도의 크기가 되어야 한다. 메모장을 항상 휴대하다가 술집이나 식당, 전철, 버스에 두고 나오지 않으려면 적당한 크기가 되어야 눈에 띄게 된다. 일수수첩이나 포켓사이즈처럼 너무 작으면 자신도 잊어버리기 쉽고 합석하였던 동료나 종업원이 알려주기도 어렵다.

둘째 시스템 다이어리 사이즈를 사용한다면 가급적 가방에 넣어 다니는 것이 좋다. 손에 들고 다니다가 어떤 장소에 두고 나오는 경우가 많다. 물론 항상 긴장하여 어떤 상황, 장소에서도 챙기면 되지만 이런 것 자체가 오히려 스트레스로 작용하게 된다. 또한 인간은 누구나 실수를 하게 되므로, 자신이 철두철

미하다고 하여도 너무 믿지 않는 것이 현명하다.

셋째 메모장이든, 메모장이 들은 가방이든 간에 항상 자신이 통제하고 관리할 수 있는 장소에 두어야 한다. 지하철이나 버스에 타서 선반에 둔다거나 혹은 음식점이나 술집에서 탁자 밑에 두면 잃어버리기 십상이다. 대부분 이러한 장소에 두어서 잃어버리는 것이다. 예를 들어 지하철 선반에 두고 졸고 있다가 갑자기 목적지에 도착했다는 안내방송을 듣고 허둥지둥 내려서 잃어버린다. 버스나 지하철을 탄다면 가급적 직접 들고 있거나 앉게 되는 경우에는 자신의 무릎 위에 두는 것이 좋다. 술집이나 음식점에서는 필요하다면 술을 마시지 않는 사람이나 혹은 술집주인에게 맡겨두는 것도 현명한 방법이다.

여러 사람들에게 "술을 좋아하는데, 메모장을 항상 가지고 다니면서 술집에 갔을 때 어떻게 하겠느냐"고 질문을 던져 보았다. 약 50%는 호기 있게 자신은 어떤 상황에서도 자신이 챙길 수 있다고 하였고, 약 30%는 같이 간 동료 중에 술을 많이 마시지 않는 사람에게 부탁을 하겠다고 하였다. 그리고 술집주인에게 맡기고 나중에 챙겨달라고 부탁한다는 사람도 20%정도 되었다. 재미있는 결과였다. 필자는 개인적으로 술을 좋아하고 항상 수첩을 가지고 다니는 습관을 가지고 있는데 위의 3가지 유형 중에 호기를 부리는 체질이다.

필자도 수첩을 술집에 두고 나온 경우가 제법 있었다. 한국이나 일본, 중국 등 동양 사람들은 하루 저녁에도 여러 술집을 전전하면서 술을 마시는 것이 좋은 것이고, 그래야 접대도 잘한 것이라고 생각한다. 당연히 그 횟수를 전쟁터에서 받은 훈장처럼 자랑스럽게 생각하고 늘 화제로 삼고 서로 비교하기도 한다. 그러다 보니 술집에 두고 온 것은 기억나지

Key Point

메모를 잃어버리지 않는 노하우
- 정해진 규칙에 따라 일정한 장소에 보관 할 것
- 인지할 수 있을 정도 사이즈에 메모지나 메모장 사용
- 자신의 관심 범위 내에서만 관리

만, 어느 집인지 가물가물하게 된다. 물론 찾는 것 또한 불가능하다. 두고두고 아쉬운 일이지만 말이다.

 Plus one

담배연기와 함께 사라진 특허의 꿈

20대 시절에 순간적으로 떠오르는 아이디어를 적을 수첩이 없어서 담뱃갑에 적었다. 특허를 낼 수 있는 아이디어라고 좋아하고, 집으로 와서 담뱃갑을 꺼내려고 하는 순간, 아차 담배를 다 피우고 빈담배갑을 휴지통에 버려버린 것이 아닌가? 다음 날 열심히 그 휴지통을 뒤졌지만 담뱃갑 종이는 찾을 수 없고 아이디어는 가물가물하여 후회가 막심하였다. 그 뼈저린 사건 이후 작은 수첩을 가지고 다니며 메모한 수첩도 몇 년이 지나도 버리지 못하고 잘 보관한다.   - S전기 40대 직장인

9
차량 관련 메모예절

많은 직장인이 자가용으로 출퇴근을 하기도 하고, 주말에는 나들이 등 일상생활에 차를 이용하기도 한다. 차는 우리의 일상생활에 많은 편의를 제공하지만 유지비도 만만찮게 들고, 또 사고라도 나면 골치가 아프다. 사고가 아니더라도 주택가의 주차문제, 공공장소의 주차문제로 시비가 일어나거나 평소에 잘 지내던 사람들과 불화가 생기기도 한다. 물론 조금만 신경을 쓰고 차량에 관련된 메모예절을 지킨다면 이런 유형의 문제를 줄일 수 있을 것이다.

교통사고 대비 메모

차량을 운행하면서 사고라도 당하게 되면 당황하게 된다. 특히 대부분의 운전자는 운전면

허시험을 보면서 외운 교통관련 법규를 거의 잊어버렸을 것이고, 평소에 이러한 업무를 보는 사람이 아니기 때문에 사고에 대처하는 방법을 모르거나 해본 경험도 거의 없을 것이다. 그렇다고 하여도 최소한의 조치를 취하지 않으면 고의가 아니더라도 상상 이상의 불이익을 받게 되는 경우가 허다하다. 위의 그림에서 우리가 차량을 운전하면서 겪는 사례를 볼 수 있다. 많은 사람들이 실제 공감하는 내용일 것이라고 생각한다.

사고가 발생한 경우의 대처요령을 살펴보자. 사고가 발생한 경우에 당황하지 않는 것이 중요하다. 자신이 정신을 잃지 않았거나 움직일 수 있을 경우, 일단 내려서 상대방 운전자의 상태를 확인한다. 다행히 경미한 사고라서 상대방이 다치지 않았고, 차량만 문제가 있다면 차량상태를 확인한다. 상대방이 잘못하였다고 생각하거나 아니면 자신이 잘못하였다고 하여도, 차량 사고는 특별한 경우를 제외하고는 쌍방과실이 되므로, 무조건 잘못하였다고 하여서는 안 된다. 일단 보험사에 사고 접수를 하고 스프레이로 차량의 위치를 표시하고, 카메라로 차량의 위치나 상태를 촬영한다. 카메라를 가지고 다니는 운전자는 드물겠지만, 요즘 대부분의 휴대폰에 카메라 기능이 있으므로 문제는 없을 것이다.

항상 보험사의 긴급전화번호를 메모하고 다녀야 신고도 제대로 할 수 있다. 보험사의 사고처리전담반이 오면 사고 내용을 설명하고 상대방과 대화를 나누도록 한다. 상대방이 일방적으로 자기주장을 할 경우에는 자신은 사건해결에 관여를 하지 않는 것이 좋다. 보험처리반이 상대편 혹은 상대편 보험사 처리반과 협의하여 차량 수리비 등을 산정하고 난 후에, 현금으로 처리하는 것이 유리한지, 보험으로 처리한 것이 유리한지 판단하여 주면 그대로 따라가면 된다.

상대방이 순순히 과실을 인정하고 차량에 문제가 없는 경우는 차량번호, 전화번호 등을 받고서 헤어지면 된다. 자신의 과실이 명백하다고 하여도 상대방이 차량등록증이나 운전면허증을 요구하면 주어서는 안 된다. 그때는 반드시 명함이나 메모지에 자신의 연락처, 차량번호 등을 적어서 주도록 한다.

만약 차량을 고쳐야 할 경우에는 현장에서 보험회사 접수번호를 메모하여 가면 차량수리를 빠르게 진행할 수 있는 이점이 있다. 공업사에 방문하여 보험회사 접수건이라고 말하면 원만

하게 수리를 진행할 수 있고, 신체에 문제가 있어 병원의 입원이나 치료가 필요한 경우도 보험사 접수번호가 필수적이다. 차량사고가 발생하였다고 하더라도 당황하지 않고 메모를 잘하여 사고처리를 진행한다면 현장에서 많은 시간을 소비하지 않고 수월하게 사고처리가 가능하다. 그리고 교통사고로 인하여 서로 기분이 좋지 않고 당황한 상태이기 때문에 현장에서의 현명한 조치가 중요하다.

평소에 자신이 어려운 상황에 처해질 때 조언을 구할 수 있는 멘토를 가지는 것도 중요하다. 항상 멘토의 전화번호, 보험사의 전화번호 등을 메모하여 다니다가, 당황스러운 순간에 자신이 수습한다고 허둥대기보다는 멘토에게 전화를 하여 조언해 주는 처리절차에 따라 행동하는 것이 좋다. 하지만 더 중요한 것은 교통사고에 대해서는 가해자든 피해자든 서로 쌍방간에 예의를 갖추어야 함은 기본사항이다. 흔히 말하듯 '이 세상에 사람이 있고, 돈도 있고 차도 있는 것'이다. 항상 사람이 우선이라고 생각하고 예의를 갖추어서 진심으로 사람을 대하는 태도를 갖추면 어려운 일은 많지 않으리라고 생각한다.

주차 시의 예절

한국의 땅은 좁고, 집집마다 주차장은 구비되어 있지 않아 주택가마다 주차전쟁을 치르고 있다. 그리고 대부분의 건물이나 관공서에도 방문 차량으로 주차가

쉽지 않다. 한정된 주차공간에 차량들이 얽혀서 주차되거나, 주차할 수 있는 수보다 많은 차량이 주차되어 있다.

위의 그림을 보면서 평소에 한번쯤 아니 자주 경험하는 일이라고 생각하는 사람들이 더 많을 것이다. 공용 공간에 주차를 할 경우 지켜야 할 주차예절을 살펴보자.

첫째 주차시설의 주차원칙을 지킨다. 일자 주차를 금지한 곳에 주차를 하여서는 안 된다. 불가피하게 일자 주차를 하게 된 경우에는 사이드 브레이크를 풀어 두어서 자신이 나오지 않더라도 차량이동이 가능하도록 해야 한다.

둘째 주차를 하게 된 경우, 자신의 연락처를 다른 사람이 인지하기 편한 위치, 즉 앞면 좌측 유리에 부착하여야 한다.

마지막으로 연락전화는 반드시 항상 켜져 있어야 한다. 전화
번호로 연결을 한 경우 전화가 꺼져 있거나 몇 번이나 하여도
받지 않는 경우가 많아서 화가 나기도 한다.

중요한 고객사를 방문하여 차량을 주
차시키고 상담은 잘 했는데, 주차 매너
가 없어서 낭패를 당하기도 한다. 고객
사의 임원이나 대표이사가 중요한 모임
에 참석하기 위하여 시간에 맞추어 주차
장에 나왔는데, 자신의 차를 어떤 차가
막고 있는 것이다. 차량 앞 유리에 적힌
전화번호는 꺼져 있고, 주차관리요원도

Key Point

차량 관련 메모 노하우
- 차량주차 시에는 연락처를 반드시 남겨 둘 것
- 경미한 사고 시에도 연락처를 반드시 줄 것
- 사고 시 상대방의 전화번호, 이름 연락처 등 메모할 것
- 보험회사 상담자, 전화 시간, 접수 번호 등 메모할 것

누군지 모른다고 하면 조치할 방법이 없게 된다. 몇 시간이 지
나서 나타난 운전자를 곱게 봐줄 사람은 아무도 없을 것이다.
이미 회의에 참석하는 일은 '물 건너 간 상황'이 되었다. 정말
심각한 결례를 범하게 된다. 다행히 이런 감정이 비지니스나 자

 Plus one

차량보다 사람이 먼저

교통사고가 나게 되면 서로 자신의 주장을 펴게 되고 소위 말하는 '목소리 큰 사람이 이긴다'는 통설이 있어 잘 해결되지 않는 측면이 있다. 교통사고에서 가해자든 피해 자든 쌍방간에 예의를 갖추는 것이 기본이다. 어차피 이런 경우를 대비하여 보험을 든 것이 아닌가. 예의를 갖추어서 사람을 대하면 큰 실례를 범하지 않는 것 같다.
— B제약 20대 후반 직장인

신에 대한 호감에 영향을 미치지 않으면 좋으련만, 당사자도 사람이니 전혀 그렇지 않을 것이라고 말하기는 어려울 것이다.

Activity 1

보험사 보상팀
근무자의 조언

여성운전자나 초보운전자 중에는 '머리 속이 하얗게 되어 아무 생각도 안 나더라'며 어수룩하게 대처해 수습을 복잡하게 하는 경우가 많다. 사고가 나더라도 일단 다음의 사항들만 지키면 큰 문제는 없다.

1. 부상자를 옮겨라. 사고처리의 1순위는 부상자 구호이다.

경미한 부상의 경우 가까운 병원으로 직접 이송하여도 되지만, 골절 등 중상이라고 판단되는 경우에는 119에 연락하여 전문 구급요원의 도움을 받아야 한다. 피해자가 어린이일 경우는 멀쩡해 보여도 병원에 데리고 가서 검사를 하는 것이 좋다. 정말 괜찮겠다 싶어 연락처만 줘 보내는 경우라도 일단 파출소에 사고를 접수하는 것이 좋다. 간혹 아이가 연락처를 잃어버리고 문제가 생길 경우 뺑소니로 처리될 염려가 있어서이다. 파출소에 사고를 접수하는 것만으로도 행정적인 처벌을 받지 않는다.

2. 증거를 지켜라.

사고차량의 최종 정지위치와 사고 충돌지점, 바퀴자국 등 사고의 흔적을 스프레이로 표시하고, 사진촬영을 한다. 최근에는 사진 및 동영상 촬영이 가능한 휴대전화가 보편화되어 있어 이용하기 편리해졌다.

목격자도 확보하여야 한다. 주변차량(특히 뒤차)운전자의 연락처를 받아두는 게 가장 좋지만, 그럴만한 여유가 없다면 주변차량의 번호라도 적어둬야 혹 분쟁이 생겼을 때 해결이 쉽다.

3. 현장확인서를 쓴다

사고의 피해자와 가해자가 명확한 경우에는 사고경위를 육하원칙에 따라 쓴 뒤 피해자, 가해자가 서명을 한다. 확인서는 두 장을 똑같이 작성해 각자 하나씩 보관한다. 확인서에는 가해자의 음주여부, 신호의 유무나 사고 당시의 신호확인 여부, 끼어들기 때 방향지시등을 켰는지 여부 등에 대한 사항도 적는다.

결코 간과하지 말아야 할 것은 인간존중을 지켜야 한다는 것이다. 누가 옳고 그르고, 돈이 많이 들어가고 적게 들어가는 것보다 중요한 것이 사람의 생명을 지키고 인권을 존중해 주는 것이다.

출근 시 교통사고를 당했을 경우 대처법

2 Activity

한국도 이제 어느 정도 살 만해서 차량을 소유하지 않은 가정은 드물다. 매일 출근할 때 운전하기도 하고, 요즘처럼 기름값이 비싼 때는 주말에만 운전하기도 한다. 업무상 회사차량을 매일 운전해야 하기도 한다. 이 과제의 주제는 '회사에 중요한 회의가 있는 아침에 출근하던 중 교통사고가 난 경우의 대처법'이다. 아마 수강생들이 가장 열렬히(?) 호응하여 리포트를 작성해 준 과제가 아닌가 싶다.

이 과제의 목적은 크게 두 가지로 볼 수 있다. 우선 교통사고를 어떻게 현명하게 수습해야 하는가와 회사에 중요한 회의가 있는 경우 사고수습과 회의참여, 중요한 회의에 대한 인식도를 보고자 한 것이다.

교통사고도 가벼운 접촉사고부터 부상을 당하는 경우까지 다양할 것이다. 명함교환으로 끝나기도 하고, 경찰이 와야 시비가 가려지는 경우도 있다. 운이 나빠 쌍방이 피해가 거의 없는 가벼운 접촉사고인데도 상대방 운전자가 막무가내로 우겨서 시간이 지연되기도 한다. 이러한 경우 자신의 승진이나 성과에 중요한 회의라면 차라리 자신이 작은 손해를 보고 회의에 참석하는 편이 혼잡한 도로에서 시비를 가리는 것보다 유리하다고 본다. 많은 수강생 중 어느 병원 응급실 직원이 아주 자세한 행동요령을 보내와 리포트를 소개한다.

1. 사고 후에는 즉시 정차한다

다른 차와 살짝 스쳤는지 아닌지 의심이 될 때는 무조건 멈춰라. "에이~ 아니겠지." 하고 지나쳤다가는 정말 경미한 접촉사고로 뺑소니로 몰릴 수 있다.

2. 차에서 내리자마자 스프레이를 꺼내라

사고를 대비해 흰색 스프레이 구비는 필수이다. 차에서 내려 상대방이 어떤 제스처를 취하기 전에 바퀴 위치대로 스프레이를 쫙 뿌려 표시해 둔다.

3. 사고 현장에서 차를 빼면 손해다

휴대전화에도 카메라가 달리고 디지털 카메라도 수두룩한 세상. 증거는 남기되, 교통의 흐름은 방해해서는 안 된다.

4. 차의 상태를 자세히 기록한다

차체에 흠집이 났을 경우에는 상대 차량과 번호, 색깔, 등록증 여부를 확인하라. 또 운전사의 간단한 인적사항(이름, 연락처나 회사)을 기록하고 보험 가입 회사도 파악해 두는 것이 좋다. 상대 차의 파손 부위를 확인한 후 간략히 메모하거나 사진 촬영을 하는 것도 좋다.

5. 경솔하게 사고 과실을 판단하지 않는다

접촉사고가 발생하면 당황한 나머지 자신의 일방적 과실을 인정하거나 손해 배상을 약속하는 경우가 있다. 그러나 사고의 잘잘못은 생각과 전혀 다르게 판명되기도 하기 때문에 자신이 가입해 있는 보험회사와 연락하기 전까지는 함부로 확답을 줘서는 안 된다.

6. 신분증을 건네주면 안 된다

혹시 내가 사고를 일으킨 가해자인 것 같더라도 전문가가 오기 전에는 함부로 상대방에게 주민등록증이나 자동차 등록증을 내주지 말라. 나중에 돌려받기 어렵고 괜한 트집을 잡힐 수도 있다.

7. 목격자를 붙잡는 액션을 취하라

저자세를 보이면 자신이 실수한 걸로 인정하는 꼴이 된다. 행인이나 반대 차선 목격자에게 다가가 말을 붙여보라. 목격자가 없다면 좌우 차선의 차번호를 메모라도 해야 한다.

8. '목소리 큰 사람이 유리하다' 이제 이런 무식한 방법은 통하지 않는다

오히려 눈을 직시하며 또박또박 말하는 사람에게 함부로 못하는 법. 사고 처리 때문에 온 경찰도 큰 소리로 앵앵대는 사람보다는 조리 있게 말하는 사람에게 귀 기울이니 최대한 침착하고 차분한 목소리로 설명하라.

9. 상대방이 수습에 방관적일 때는 경찰에 신고해둬라

내가 피해를 봤는데도 불구하고 상대방이 사고해결에 매우 소극적일 경우에는 관할 경찰서에 일단 신고를 해놓고 처리를 기다리는 게 유리하다.

10. 말 안 되는 '합의'에는 정석대로 밀고 나가라

"둘이서 해결하는 게 낫지." 은근한 강요에 절대 휘말리면 안 된다. 이런 경우 경찰에 신고하는 편이 더 낫다.

11. 경미한 사고는 연락처 교환 후 헤어진다

눈 뜨고 있어도 코를 베어가는 세상. 물론 착한 사람도 많지만 워낙 별별 사람 다 있다보니 반드시 차의 상태를 자세히 살피고 이상 없다는 '확인증'을 받아두어야 한다. 당시에는 그냥 헤어졌다 나중에 진단서 들고 나타나 뒤통수 치는 이도 많다.

뺑소니로 몰린
황당한 경험

메모를 남기지 않아서 황당한 경험을 한 수강생이 제출한 리포트이다.

몇 달 전 실제 있었던 일을 적겠습니다. 좀 좁은 골목길을 차량운행 중 제차의 백미러가 골목에 주차 중이었던 차량의 백미러를 긁고 간 적이 있었습니다. 초보운전자인 저는 차량이 접촉한 것을 느끼지 못했습니다. 어렵사리 집으로 돌아온 저는 저녁을 먹고 있던 중 ㅇㅇ경찰서로부터 연락을 받았습니다. 골목에 있던 주민의 뺑소니 신고가 들어왔다고 했습니다. 사람을 상해한 일이 없는데 무슨 뺑소니냐며 따졌지만 피해자 차량에 피해를 끼쳤다고 하더군요.

결국 경찰서에 출두하여 피해차량의 운전자와 30만원에 합의를 봤습니다. 그 차량은 흔히 말하는 똥차였기 때문에 백미러 값이 아무리 비싸도 5만원이면 충분했습니다. 결국 제 자신의 부주의로 비싼 값을 물어줘야 했습니다. 만약 접촉사고가 났을 때 명함 한 장을 차량에 꽂아두었거나 주변에 있었던 신고자에게 명함을 주고 연락처를 받아놨더라면 이런 일은 있지 않았을 겁니다.

10
낯선 곳
찾아가는 메모

'한국의 가장은 슈퍼맨'이다. 주중에는 회사에서 야근이나 회식으로 시달리고, 주말에는 조금 쉬려고 하는데, 아이들 체험학습이나 야외소풍으로 운전수 노릇을 하여야 한다. 가족과의 나들이에서 목적지를 쉽게 찾지 못하고, 이리 저리 헤매이기도 한다. 주말마다 막히는 수도권 교통상황까지 더해지면 모처럼의 나들이는 짜증스럽게 된다.

지도 활용하기

운전을 해본 사람이라면 한국의 교통표지판이 엉망이라는 사실을 알게 된다. 체계도 제대로 되어 있지 않고 위치도 제각각이다. 특히 지방으로 가다 보면 지지도에 자신이 갈 목적지와 출발지를 표시한다.

#2 주요 도로와 지형을 보고 이동 경로를 지도에 표시한다.

#3 중간 휴식시간에 지나온 경로를 표시하고 주요 포인트를 지도에 메모한다

리에 익숙한 사람조차도 교통표지판을 보고 가면 헷갈리게 된다. 지도도 상세하지 않다. 그러다 보니 대부분 무작정 차를 몰고 간다. 가장 가까운 곳까지 고속도로로 가고, 그 다음부터 이정표를 보면서 국도를 이용한다. 아주 유명한 관광지나 도시의 경우는 별반 문제가 없는데, 조금 한적한 곳은 길을 잘 못 들어서 되돌아오거나, 차를 세우고 다른 사람에게 길을 물어야 하는 경우가 의외로 많다.

요즘에는 네비게이션이 등장하여 쉽게 찾아갈 수도 있지만, 이것도 수도권이나 큰 도시의 경우에만 유용하고 지방에는 그다지 쓸모가 없다. 또한 이미 입력된 정보에 의하여 최단 거리만 알려주고 현재의 교통상황은 고려해 주지 않는다. 낯선 장소를 방문할 경우는 사전에 지도를 펼쳐보고, 가장 가까운 길이나 안 막히는 길을 선택하고 시간과 연료를 낭비하지 않도록 정확한 경로를 그려서 출발하도록 한다. 앞의 그림에서 보듯이 출발지와 목적지를 지도에 표시하고, 중간에 지나가는 길에 체크하여야 할 중요한 이정표를 정한다. 이정표는 중간 지점의 휴게소 등이 해당될 것이다. 그리고 휴식을 하게 되면 지나온 길이 예정하였던 길과 일치하는지 확인하고, 앞으로 갈 길에 대해서도 다시 확인을 하도록 하는 것이 좋다.

🦎 Key Point

장소를 찾을 때 메모

- 지도에 출발지와 목적지를 표시함
- 지도를 보고 주요 도로와 지형을 파악
- 가장 최적의 이동로를 설정하여 표시
- 중간에 지나온 경로와 통과시간 표시하면서 목적지로 이동

군대에서도 행군을 하기 전, 사전에 지도를 펴 놓고 지휘관과 참모들이 몇 가지 시나리오를 가지고 경로를 정하고, 주의사항을 점검한다. 이러한 과정을 통하여 각종 장애를 극복하고 주어진 시간 내에 목적지에 무사히 갈 수 있는 것이다. 이런 요령이 우리가 낯선 장소로 차를 몰고 가는 경우에도 해당하겠지만, 시내에서 미팅 장소나 방문할 사무실을 찾아가는 경우에도 활용될 수 있다.

사람의 인생도 지도를 펼쳐놓고 목적지를 찾아가는 것과 별반 다를 게 없어 보인다. 목적지에 가는 도중에 좋은 음식점에서 식사도 하고, 예상하지 못한 멋진 자연도 감상하고, 좋은 사

Plus one

지도를 활용하는 노하우

지도를 참조하여도 별로 도움이 안 되는 경우도 있다. 방향과 자신의 위치를 잡기가 쉽지 않기 때문이다. 이 때에는 낮은 해를 기준으로 동쪽과 서쪽을 정하면 된다. 오전에는 해가 떠 있는 쪽이 동쪽이 되고, 저녁 무렵에는 해가 지는 쪽이 서쪽이 된다.

람도 만나는 것이다. 아무리 세상이 각박하더라도 마음의 여유를 가지고 가끔씩 살아온 날을 뒤돌아보는 것도 좋을 것 같다. 그러다 보면 세상사는 지름길이 보이기도 하고, 목적지가 바뀌기도 할 것이다. 인생은 여행과 달리, 처음 목표했던 목적지에 반드시 가야 하는 것은 아니다. 최고로 추구하던 가치도 어느 날 부질없어 보이기도 하기 때문이다.

책을 통한 미래준비

시간의 소중함은 누구나 다 안다. '모든 사람은 태어나서 죽는다.'는 명제를 벗어날 수 있는 사람은 없다. 누구에게나 하루는 24시간이고, 1주일은 7일이고, 1년은 365일이다. 시간만큼 공평한 것은 세상에 없다.

하지만 모든 사람에게 동일한 가치로 인식되고 해석되지는 않는 것이 시간이다. 시간의 가치는 그것을 사용하는 사람마다 다르다. 잠을 자면서 하루를 보낼 수도 있고, 노동을 할 수도 있고, 책을 읽을 수도 있을 것이다. 모든 일이 의미 있고 가치도 있을 수 있겠지만, 세상의 객관적인 평가는 엄연하게 다를 것이다.

일요일을 예로 들어 보자. 직장인들은 보통 위의 세가지 경우의 하나를 하며 일요일을 보내게 될 것이다. 모자란 잠을 자기도 하고, 집안 청소나 아이들과 놀아주기도 한다. 물론 마음의 여유가 생기면 그동안 보지 못한 책을 펼치기도 한다.

심신이 지쳐 있는 사람에게는 잠만큼 필요한 것도 없다. 따라서 잠은 힘찬 한 주를 시작할 수 있는 활력소가 된다. 집안 청소나 아이들과 놀아주는 일도 동일한 효과를 발휘한다. 책을 읽는 것은 마음의 양식이 된다. 단기적인 효과는 동일하지만 장기적인 관점에서 그 효과는 차이가 있을 것이다.

수백 페이지에 달하는 책을 집중하여 일요일에 다 읽기 어렵다. 평일에 읽을 수 있는 방법을 고민하는 편이 더 낫다. 물론 쉽지는 않지만, 자기 나름대로의 원칙을 세워보는 것은 어떨까? 아침에 일어나서 30분이라도 책을 읽고, 점심시간에 30분 투자하고, 잠자기 전에 30분을 할애하는 것이다. 하루에 1시간 30분이 되고, 일주일이면 일요일 외에 9시간 정도를 확보하게 된다.

책처럼 값싸게 지식이나 간접경험을 할 수 있는 유용한 도구는 없는 것 같다. 동서고금의 많은 이야기와 교훈이 있고, 많은 사람들이 예측하는 미래가 들어 있다. 물론 책의 내용이 자신의 상황이나 꿈과는 동떨어진 것일 수도 있으나, 그렇게 생각할 필요는 없을 것 같다. 현재 지구상에 60억이 넘는 인구가 살고 있고, 지나간 수천 년 동안 더 많은 사람들이 살다가 갔다. 이 많은 사람들 중에 자신의 인생과 유사하게 살아간 사람이 분명하게 있을 것이다. 아니면 비슷한 꿈을 가지고 살아간 사람이라도 찾을 수 있을 것이다. 그런 것을 보면서 꿈을 키우고, 계획을 세우고 실천하면서 하루하루를 살아가는 것이다.

이제 새로운 기분으로 책을 가까이 하는 직장인이 되어 보자!

2 장

자기계발을 위한 메모 활용

이 장에서는 자기계발을 위하여 메모를 활용하는 방법을 정리하였다. 정보는 홍수처럼 밀려오지만, 대부분의 사람들은 자신의 생활이나 지식에는 전혀 활용하지 못하고 있다. 하지만 조금만 주의를 기울인다면 누구나 전문가 못지않은 정보 활용 노하우를 습득할 수 있다.

11

첩보메모와
정보의 구분

많은 사람들이 지금을 정보화 사회라고 하는데 도 대체 정보가 무엇일까? 일반적으로 정보기술을 말할 때 IT, Information Technology라고 한다. 그래서 대부분의 사람들은 'Information'을 정보로 해석하고 그렇게 사용하고 있다. 그렇지 만 정보를 전문적으로 다루는 사람들의 경우는 자료, 첩보, 정 보를 구분하여 사용한다.

3가지 용어의 비교
우리가 단순히 메모하는 각 종 자료는 1차적인 자료, 즉 'Data'라고 한다. 자료는 특정 목적 에 의해 평가되거나 가공되지 않은 단순한 사실을 말하며, 역사

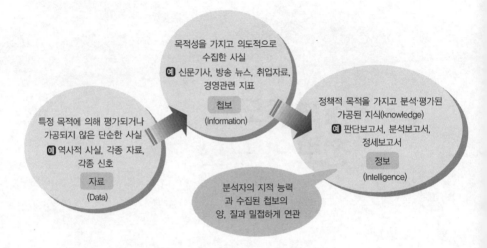

적 사실, 각종 기초적인 자료, 각종 신호 등을 포함한다. 이에
비해 회사나 개인의 상황, 특정 내용을 알기 위해 수집한 사실
은 2차적인 첩보, 즉 'Information'라고 한다. 첩보는 목적성을
가지고 의도적으로 수집한 사실을 말하며 신문기사, 방송 뉴스,
취업자료, 경영관련 지표를 포함한다.

마지막으로 정보는 수집된 다양한 첩보를 어떤 정책적 목적
을 가지고 분석·평가하여 가공한 지식을 말한다. 이를
'Intelligence'라고 하며, 대상회사의 제품 개발 실적이나 주가
추이, 주요 임원진 인사이동, 대표이사의 사생활, 회사의 매출
추이 등 각종 첩보를 분석, 회사의 경영 상태가 위험한지, 아니
면 건전한 성장을 유지하고 있는지에 관련한 분석보고서를 작
성한 것을 말한다. 따라서 정보는 분석자의 지적 능력과 수집된
첩보의 양, 질과 밀접한 연관이 있다.

양질의 정보를 생산하여 개인의 발전이나 업무에 활용하기 위해서는 좋은 첩보를 수집하여야 한다. 또한 수집한 첩보는 잘 분류하고 정리하여 활용해야 비로소 가치를 가지게 된다. 첩보 중에도 '정보성 첩보'라는 것이 있다. 이는 첩보가 분석이나 판단 등의 단계를 거치지 않고도 정보로서의 가치를 가지는 것이다. 의사결정권자의 의중이나 중요 보고서 등을 첩보로 입수한 경우에는 그것이 바로 정보가 되는 것이다.

> 정보는 지식이다.
> 정보는 정확한 지식이다.
> 정보는 적시적인 지식이다.
> 정보는 특수과정을 거쳐 작성된 지식이다.

Key Point

첩보와 정보의 구별

- 자료는 가공되지 않은 단순한 사실
- 첩보는 의도적으로 수집한 사실
- 정보는 수집된 첩보를 분석, 가공한 지식

일반인의 경우에는 정보와 첩보를 명확하게 구분하지 않아도 무방할 것이다. 다만 조직에서 홍보나 전략기획, 마케팅 등을 하는 사람들은 첩보와 정보를 구분하여 활용한다면 업무수행에 도움이 된다. 자신이 수집한 자료와 첩보를 의사결정을 위한 자료로 곧바로 활용하지 않을 것이기 때문이다. 간혹 발생할 수 있는 오류를 막기 위해서는 수집한 자료와 첩보를 철저하게 분석하여 정보화해야 한다. 그런 연후에 자신의 업무에 활용한다는 원칙을 세워두면 아무리 급하더라도 한번쯤 정보분석 단계를 거치게 된다.

직업 선택에 영향을 미치는 요소와 문제점

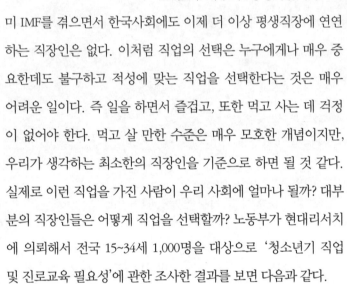

요즘의 화두가 평생직업이다. 이미 IMF를 겪으면서 한국사회에도 이제 더 이상 평생직장에 연연하는 직장인은 없다. 이처럼 직업의 선택은 누구에게나 매우 중요한데도 불구하고 적성에 맞는 직업을 선택한다는 것은 매우 어려운 일이다. 즉 일을 하면서 즐겁고, 또한 먹고 사는 데 걱정이 없어야 한다. 먹고 살 만한 수준은 매우 모호한 개념이지만, 우리가 생각하는 최소한의 직장인을 기준으로 하면 될 것 같다. 실제로 이런 직업을 가진 사람이 우리 사회에 얼마나 될까? 대부분의 직장인들은 어떻게 직업을 선택할까? 노동부가 현대리서치에 의뢰해서 전국 15~34세 1,000명을 대상으로 '청소년기 직업 및 진로교육 필요성'에 관한 조사한 결과를 보면 다음과 같다.

1. 직업관에 영향을 미친 것

TV연예인 및 스포츠 스타(23.1%), 친구 및 선배(14.0%), 사회 저명인사(7.7%), 학교선생님(7.2%), 신문 및 잡지 등 인쇄매체(3.3%), 공공 및 민간 진로지도 프로그램(2%)

2. 직장경험이 있는 20~30대의 26.2%가 직업선택에 TV연예인 및 스포츠 스타의 영향을 받음

3. 직장경험이 있는 20~30대의 61.5%가 청소년기의 직업 및 진로교육이 필요하다고 느낌

4. 응답자의 51%가 실질적으로 직업선택에 도움이 되는 교육을 받아보지 못했다고 함

5. 도움이 되는 직업교육프로그램 순위

인턴십 등 직장체험(1위), 진로관련 전문가 강연(2위), 직업 흥미 및 적성검사(3위)

6. 청소년들이나 취업준비생이 이용 가능한 직업 및 진로관련 교육프로그램이 충분하지 않음(80.3%)

충격적인 내용이다. 대부분 고등학교 성적으로 대학과 학과를 정하고, TV를 보면서 직업을 선택한다는 현실이 투영된 결과라고 볼 수 있다. 고등학교 진학지도 선생님의 역할이 학생의 인생에 매우 중요함에도 불구하고 성적에 맞는 학교나 학과를 찾아주는 데 급급한 실정이다. 물론 이렇게 해야 유능한 선생님으로 인정받는다. 직장인들을 만나서 이야기해 보면 자기가 왜 자신의 전공을 선택하였는지 이해가 되지 않으며, 대학 전공이 직장생활에 전혀 도움이 되지 않는다고 하는 비율이 압도적으로 많다. 고등학교에서는 성적에 맞추어 학생들을 대학에 보내는 데 급급하고, 대학은 현실과 동떨어지고 낡은 지식을 자기들의 방식으로 주입시키는 것 외에는 별 관심이 없는 것처럼 보인다. 대학이 실업자를 양산하고, 대졸자들이 취직을 위해 학원을 다녀야 하고, 전공과 관계없는 임시직에나 전전하는 것이 현실이다.

한국의 경제구조는 급변하고 있으며 기업의 글로벌 경쟁은

더욱 치열해지고 있다. 한국의 실업을 구조적 문제로 보는 관점에서 접근할 필요가 있다. 소위 말하는 3D업종과 단순직에서는 인력난을 겪고 있고, 마찬가지로 첨단업종과 고급인력 부문도 구인난을 겪고 있다. 인력이 넘치는 부문은 대부분 특성 없는 관리직이나 사무직이고, 아니면 전문지식이나 경험을 쌓지 못한 대학졸업생들이다. '한 명의 천재가 만 명을 먹여 살린다.'고 하는 판에 사무인력을 늘리는 회사는 없을 것이다. 더 우려되는 사항은 직업관에 가장 큰 영향을 미친 것이 TV 등이라는 것이다. TV드라마에서 상업적 혹은 오락적으로 특정 직업이 미화되거나 호도되는 것이 비일비재한데 이런 단편적인 정보로 평생 살아갈 직업을 선택하는 것은 정말 위험한 짓이다.

전혀 현실성 없거나 장래성이 없는 직업이라도 드라마의 주인공 때문에 청소년들이 맹목적으로 뛰어드는 사례도 많다. 이런 현상을 단지 철없는 짓이라고 말하기 이전에, 이들에게 현실과 미래를 보여줄 능력을 키우라고 교육자들에게 말하고 싶다. 이렇게 해서 낭비되는 국력과 사회적 비용을 생각한다면 교육자와 정치지도자들이 무엇을 하여야 하는지 잘 알아야 할 것이다. 노동부도 이런 내용을 발표만 하지 말고 실질적인 직업교육과 국가인력관리를 위한 정책을 수립하고 실천하여야 한다.

12

첩보수집 경로와
관리요령

우리는 정보의 홍수시대에 살고 있다. 조금만 주의를 기울인다면 업무나 인생에 유익한 정보가 사방에 조각의 형태로 떠다닌다는 사실을 알게 된다. 그런데 중요한 정보는 우연한 기회에 다가왔다가 관심을 가지지 않으면 사라져 버린다. 물론 수집을 하였다고 모두 가치를 가지는 것은 아니다.

첩보의 수집경로

각종 첩보와 아이디어는 다양한 경로를 통해서 우리에게 전달된다. 다음의 그림은 일반적인 조직생활을 하는 직장인들이 자신에게 관련된 첩보를 수집할 수

있는 경로를 보여주고 있다. 회사 내부, 관계회사, 경쟁회사, 회사
와 관련이 있는 관공서, 회사를 취재하거나 광고를 실어주는 언론
사, 학계 등이 공식적인 통로로 많이 활용된다. 물론 부지런한 사
람은 다양한 사회활동, 즉 봉사활동이나 운동클럽, 특정 주제를
가지고 연구하는 포럼활동과 동창회나 향우회 등에 참석을 하게
된다. 다양한 경로를 통해서 입수한 첩보를 잘 분류하여 두지 않
으면 실제 활용가치도 떨어지게 되고 잘못 활용되기도 한다.

　수집경로를 분류하는 방법 중의 하나가 아라비아 숫자로 코
드를 부여하는 것이다. 회사 내부에서 입수하여 메모한 첩보면
1번, 관계사는 2번, 경쟁사는 3번, 관공서는 4번, 언론사는 5번,
학계 및 대학은 6번, 사회활동은 7번, 동창회는 8번 하는 식이다.

이런 코드 번호는 수집된 첩보 메모를 정리해 문서화할 경우에도 도움이 된다. 문서의 버전이나 작성일자 등을 붙여서 더욱 명확하게 할 수도 있다. 문서의 버전이라 함은 작성일자나 작성자, 고려 요소 등에 따라 문서의 내용이 달라지므로 1차 버전, 2차 버전 등으로 붙이는 것이다. 같은 날짜에 작성한 문서라도 오전과 오후, 저녁에 작성한 문서의 내용이 다를 수 있기 때문이다.

Key Point

첩보수집경로 관리하는 노하우

- 언제 왔다가 지나갈지 모르므로 항상 긴장할 것
- 수집경로에 따라 분류할 것
- 첩보내용에 따라 카테고리 분류할 것

위에서 설명하였듯이 첩보는 여러 장소와 다양한 시간대, 대상으로부터 수집할 수 있다. 이런 다양한 경로를 체계적으로 관리하지 않으면 정보로서 가치가 없게 될 수도 있다. 어렵게 보이지만, 한 번 체계를 잘 수립하여 실천하게 되면 향후에 수집되는 첩보도 동일한 방법으로 할 수가 있어 편하다.

우리는 왜 다양한 첩보를 수집하여 판단을 내려야 할까? 한 인간이 아무리 똑똑하다고 할지라도, 혼자서 세상의 모든 것을 알 수도 없고, 모든 상황에서 항상 최선의 선택과 결정을 할 수는 없다. 왜냐하면 자신의 편견과 기호에 따라 끌려 다닐 수밖

+1 Plus one

분류를 최대한 간단하게 할 것

처음부터 너무 복잡하게 하면 쉽게 지친다. 처음에는 업무와 비업무 정도로 구분하여 관리하다가 분류작업이 익숙해지면 하나씩 카테고리를 늘려가도록 한다.

에 없기 때문이다. 그래서 특정 분야에서 최상의 성공을 하였거나, 과거에 엄청난 일을 이룬 사람들이 다른 분야나 일에서는 참담한 실패를 경험하게 되는 것을 보게 된다. 실패의 확률을 줄이고, 성공의 확률을 높이는 최선의 방안은 다양한 첩보를 수집하여 객관적 판단을 내리는 것이다.

세계 곡물시장 정보수집 방법

Activity

어느 대기업에서 세계 곡물시장에 관한 정보를 담당하고 있는 수강생이 자신만의 정보를 취합하는 노하우를 정리해서 리포트로 제출하였다. 평소에 꾸준하게 관심 있는 영역에 대한 메모와 체계적인 분류가 중요함을 알 수 있다.

2008년 현재 우리를 둘러싸고 있는 무수한 정보 중 내가 주로 관심을 갖고 지켜보고 정리하는 것은 국제 곡물가격의 변화 및 향후 곡물의 작황의 사항들이다. 현재 우리나라의 경우 인터넷을 통한 정보 수집, 정부 연구기관 및 민간 연구소의 향후 전망 발간자료를 주로 수집한다. 발간자료의 경우 내용 중 내가 필요로 하는 부분만을 PDF 파일로 별도로 정리하고 이를 주기적으로(반기에 1회씩 국가별 생산추이 및 가격추이를 작성) 정리한다. 이를 통해 나만의 세계 곡물시장 상황에 대한 자료가 만들어진다.

많은 사람들은 현대가 '정보의 홍수시대'라고 말한다. 그러나 나는 크게 다르게 생각한다. 많은 정보를 접하는 것은 사실이지만 정말 값어치 있는 정보보다 아무런 가치 없는 내용을 담고 마치 가치 있는 정보인 것처럼 보이는 것들이 훨씬 더 많다. 정보를 다 기억하고, 이해하는 것보다 먼저 가치 있는 정보를 찾아낼 줄을 알아야 한다.

나의 경우는

첫째 정보를 수집하는 장소를 국가 기관의 공고란 및 정부의 간행물, 관보를 통해 법규의 추진일정, 재개정 일정 및 입법 예고 등의 행정부의 정보를 수집할 수 있다. 국가 기관은 소문의 진의 여부를 확인할 수 있는 가정 정통한 정보의 창구이다.

둘째 해외 관련 사이트(FAO, USDA 등)를 통해 최신 동향을 확인한다. 해외 관련 사이트 혹은 해외 발간자료는 국문으로 번역되어 소개되기까지 보통 발간일로부터 15~30일 정도 소요되어 이 기간 동안 정보의 가치는 소멸될 수도 있다. 현재 나는 주요 해외 사이트를 정기적으로 모니터링을 통해 가치 있는 정보를 지속적으로 수집한다.

셋째 국내 검색 포털 사이트를 통한 검색으로 현재의 국내 동향을 확인할 수 있다. 특히 국내 동향은 정보로써의 의미보다는 소문 혹은 루머 정도로 취급한다. 이것의 사실여부를 확인함으로써 정보로써 가치를 만들 수 있다.

위의 세 가지 방법으로 확인한 정보를 토대로 각 정보의 내용을 카테고리 별로 정리하고 중요도 및 정보의 시행시기 별로 정리하면 시행일에 맞춰 정보를 빼먹지 않고 확인할 수 있다.

예를 들어 농림수산부에서 시행하는 '국가사업자 선정 신청
서작성에 관한 정보'를 획득하는 것은 2월, 신청 접수는 5월6일
까지였다. 이는 중요도 A, 시행 시기는 4월30일로 표시하여 일
이 끝나야 하는 마감일을 관리하여 활용하는 방법으로 활용하
고 있다.

직장인의 자기계발
애로에 대한 변명

요즘만큼 직장인들이 힘든 시기
는 없었던 것 같다. 조직에서 성과를 내어야 하고 자기계발도
해야 한다. 그런데 문제는 시간이 없다는 것이다. 주중에는 야
근을 하거나 아니면 항상 회식이 있어서 늦은 밤이 아니면 집에
들어가기가 쉽지가 않다. 당연히 집은 여관처럼 자기 바쁘고,
아침에 일어나서 정신없이 회사로 출근하게 된다. 주말은 주중
에 피로한 심신을 쉬거나, 가족이 있는 경우 운전사로 전락하게
된다. 아이들과 가족들을 즐겁게 해주고 무슨 체험학습이니 하
는데 운전사 겸 짐꾼으로 동원된다. 정말 한국의 직장인들은 슈
퍼맨인가?

그런데 '사오정'이니 '오륙도'니 하면서 40~50대의 중년 직장
인들이 직장에서 사회로 내몰리고 있다. 젊고 똑똑한 후배들이
밀고 들려오는데, 특별한 경쟁력이 없다. 회사 업무는 잘 알고
있지만, 외국어도 안 되고, 컴퓨터 활용능력도 뒤지고……. 사
실 이런 오늘날의 현실에 대해 이유는 많다. 젊은 시절에 회사

에 야근하고, 조직을 위해 접대하느라고 시간이 없었다. 하지만 그 누구도 이 사실을 진정한 이유로 받아들이지 않는다. 그저 그게 핑계로만 간주된다. 게다가 회사는 개인 사정을 일일이 봐주지도 않는다.

요즘 이런 직장인들이 자기계발을 할 수 있는 방법들을 소개하는 신문이나 사이트가 많아서 몇 가지 요약하여 본다.

첫째 무조건 시작하라. 바보는 항상 계획만 하고, 핑계거리만 찾는다는 말이 있다. 실제로 직장생활을 하면서 자기 시간 내서 학원 다니고, 대학원 다니고, 책 보는 것은 말처럼 쉽지 않다. 그래도 시작을 안 하는 것보다 하다가 중단하는 편이 낫다. '가다가 아니 가면 안 가느니만 못하다.'라는 말은 이제 '가다가 아니 가면 간만큼 이익이다.'라고 바꾸어야 한다.

둘째 자투리 시간을 활용하라. 자기계발에 가장 큰 걸림돌이 시간이 없다는 것이다. 정말 마음 편하게 공부할 시간이 없는 것은 사실이다. 그렇다고 한탄만 할 수는 없지 않은가? 아침에 화장실에서 출퇴근 시간에, 약속 기다리는 시간, 점심시간, 주말 등 직장인도 자기시간을 얼마든지 확보할 수 있다. 하루에 한 시간, 아니 30분이라도 항상 확보하라. 그런 것이 쌓이고 쌓이면 태산이 된다.

셋째 좋은 인맥을 구축하라. 좋은 인맥은 하루아침에 쌓이지 않는다. 흔히 좋은 학교, 좋은 집안이 아니라서 인맥 쌓기가 어렵다고 불평을 하는데, 불평한다고 나아지는 것은 없다. 그냥 '천리 길도 한 걸음부터'라고 하나씩 만들어가면 된다. 내가 못하면 내 자식이 받아서 이어가면 된다. 명문가문과 인맥 좋은 사람도 하루아침에 이루어지지 않았다. 수십 년, 수백 년, 몇 대에 걸쳐서 쌓은 것이다. 조상 원망만하고 있는다고 나아지는 것은 없다.

넷째 기록을 철저히 하고 자기만의 메모장을 가져라. 아이디어는 언제 어디에서 떠오를지 모르고, 좋은 글과 말을 얻을 수 있는 기회가 언제일지 모르므로 항상 메모장을 가지고 다녀야 한다. 좋은 글과 말을 자신에게 맞게 정리하여 항상 배우고 익혀라. 책 한 권을 읽어도 자신의 가슴에 와닿는 내용과 구절은 많지 않을 수 있다. 그러므로 잘 정리된 메모장은 수십, 수백 권의 책보다 더 유용하게 활용될 수 있다.

마지막으로 자신의 미래를 고민하고 설계하라. 많은 사람들이 부모처럼 살지 않고, 자신의 분야에 살아가는 선배들과는 다르게 살 것이라고 생각한다. 그러나 어느 순간 자신을 돌아보면 그렇게 살아가고 있다는 것을 알게 된다. 아주 특출하게 다르지 않는 이상 대부분 그렇게 살다가 가는 것이 우리의 인생이다. 현재 본인이 속한 조직의 상사들은 자신의 미래상이다. 출세를 하는 사람도 있고 일찍 조직을 떠나는 사람도 있다. 잘 분석하여 자신만의 미래를 설계해야 한다. 자기계발을 철저하게 해야 한다. 조직이나 집안에서 존경을 받고 따르고, 닮고 싶은 사람, 즉 역할모델(role model)을 찾아서 열심히 노력하라.

아직도 직장생활을 하면서 하루하루 불평만 하는 사람이 있다면 오늘부터 한 가지씩 실천해보라. 자신의 인생, 지식, 인맥, 집안 등에 관해 불평하지 마라. 그런 생각을 할 시간에 자신을 위해 투자하라. 자기가 하지 못하면, 자기 자식에게 그동안 쌓아온 것을 물려주고, 그 출발점에서 시작하게 하라.

이렇게 초심을 잃지 않고 수십 년, 몇 대가 흘러가면 명문가문을 부러워하고 직장생활과 인생에 대해 심각하게 고민하는 후손은 없을 것이다. 흔히 자영업자가 부럽다고 하는데, 편한 자영업자, 성공한 전문직을 보면서, 그들 혹은 그들의 조상이 그런 위치에 가기까지 흘린 땀과 실패는 보지 못하고 하는 소리이다.

불평하지 말고, 그 시간에 하나씩 자기 경쟁력을 쌓아라.

13

첩보분석을 위한 메모요령

　　'구슬이 서 말이라도 꿰어야 보배다'라는 말이 있다. 이것처럼 첩보와 정보의 관계를 잘 설명하는 말은 없는 것 같다. 여기서 첩보는 구슬이 되는 것이고, 정보는 구슬을 꿰어 만든 보배가 된다. 수집된 첩보는 특정한 정책적 목적을 가지고 분석을 하여야 비로소 가치를 가진 지식, 즉 정보가 되는 것이다. 그럼 이러한 정보는 어떠한 과정을 거쳐서 생산하는지 알아보자.

첩보분석 6단계의 적용

다음의 그림은 첩보분석 6단계를 보여준다.

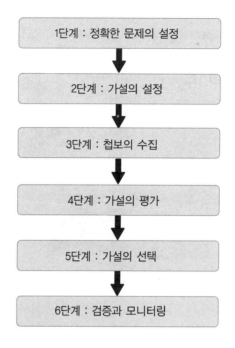

1단계는 주어진 문제를 정확하게 설정하는 것이다. 2단계는 제기된 문제에 가설을 설정하고, 3단계는 설정된 가설을 검증하기 위하여 첩보를 수집한다. 물론 이미 수집된 첩보가 가설의 검증과 연관성이 있을 경우 활용할 수 있다. 다음 4단계는 수집된 첩보를 바탕으로 가설을 평가하여야 하는데, 이 때에는 자신의 선입견이나 일방적인 기준을 적용하지 말아야 한다. 가설을 평가한 후에는 가설 중에 최적의 가설을 선택하게 된다. 마지막 6단계에서는 선택한 가설을 지속적으로 검증을 하게 되며, 특정 변수에 의해서 영향을 받을 수 있으므로 가설 선택과 검증을 하면서 고려한 요소들을 항상 모니터링하여야 한다.

"어린이용 초콜릿 발매"

과연 발매해야 하는가?

　어떤 제과회사의 마케팅 팀장인 박부장은 회사의 발전을 위해 새로운 어린이용 초콜릿를 발매할 것인지 고민을 하게 된다. 하지만 시장반응이 어떨 것인지 알 수가 없다. 신상품을 개발하고 생산, 홍보하는데 많은 비용이 들 것이므로 신중하게 의사결정을 하여야 한다. 물론 그동안 제과업계의 흐름이나 아이들의 기호 등에 관한 언론기사나 동종업계에 근무하는 친구들로부터 많은 첩보를 수집하여 관리하고 있는 중이었다.

　아마도 박부장은 다음과 같은 단계를 거쳐서 의사결정을 하게 될 것이다. 첩보분석을 하면서 중요한 것은 분석자는 항상 객관적인 시각을 가져야 한다는 점이다. 문제의 당위성을 중시하거나 주관적인 입장에서 문제를 설정하게 되면 분석의 오류에 빠질 수가 있다. 또한 많

 Key Point

정보분석 시 주의 사항

- 주어진 문제를 정확하게 인지할 것
- 가설은 가급적 긍정적인 것과 부정적인 것을 각각 설정할 것
- 설정된 가설을 검증할 수 있는 첩보만 수집할 것
- 끊임없는 검증과 변수의 모니터링은 필수임.

1. 문제의 설정	새로운 어린이용 초콜릿을 발매하여야 하는가?
2. 가설의 설정	가설 1) 향후 웰빙과 유기농 식품에 대한 관심으로 초콜릿 판매가 부진할 것으로 보임. 가설 2) 두뇌개발에 관한 부모님의 관심으로 천연 재료를 넣으면 수요가 증대할 것임.
3. 첩보 수집	웰빙, 유기농 식품, 어린이 아토피 피부병, 초콜릿 판매 추이, 업계의 대응, 천연 효능에 대한 검증, 학부모들의 교육열, 초콜릿 원료생산에 대한 윤리적인 논쟁 등
4. 가설의 평가	인공첨가물이 첨가된 과자나 초콜릿 판매가 건강에 대한 관심 증가로 부진할 것이라는 업계의 평가와 전문가의 진단, 천연 DHA의 효능이 과학적으로 검증이 안 됨.
5. 가설의 선택	향후 초콜릿 시장의 판매가 부진할 것으로 예상
6. 검증과 모니터링	시장상황과 어린이 기호는 항상 변하므로, 시장 수요에 적합한 신제품 개발이 가능한지, 적절한 시기는 언제인지 예의 주시함.

은 사람들이 가설을 자신에게 유리한 것 하나만 설정하기도 하고, 가설을 검증하기 위한 첩보를 추상적인 의견으로 대신하기도 한다. 추상적인 첩보나 의견으로 가설을 평가하거나 그에 따른 평가내용으로 선택을 하는 것은 있을 수가 없다. 또한 가설을 선택하고 난 이후에도 자신이 선택한 가설에 대해 검증해야 한다. 자연현상과 과학적인 현상을 뺀 인간사의 모든 요소는 항상 변한다는 사실을 잊지 말아야 한다.

Plus one

문제를 감정적이 아니라 객관적으로 볼 것
한국 사람들은 대부분 빨리 흥분하고, 감정적인 편이다. 그래서 냉정한 판단을 하지 못하게 된다. 일단 객관적인 관점에서 사회의 현상이나 주어진 과제를 보는 습관을 기른다면 보다 올바른 선택을 할 수 있는 기회가 많지 않을까 생각한다.

첩보분석 6단계로 본
한일관계전망 리포트 평가

많은 수강생들이 첩
보분석 6단계를 가지고 한일관계의 미래전망이라는 리포트를
제출하였다. 직장인에게는 의외의 문제가 될 수도 있겠지만, 다
양한 관점에서 사회의 현상이나 문제를 보는 훈련을 하는 것이
중요하다.

많은 답안지를 받아 보고서 몇 가지 놀라운 점을 파악하였다.
첫 번째가 많은 수강생들이 한일관계가 개선되어야 한다는 당
위성을 가지고 가설을 설정하였다는 것이다. 그것도 한국인의
입장에서 말이다. 두 번째로 설정한 가설과 가설을 평가하기 위
해서 열거한 첩보와의 관련성이 거의 없다는 사실이다. 막연하
게 '한일관계가 악화될 것'이라거나 '점차로 개선될 것'이라고
하였는데 실제 근거가 없는 추측에 따른 논리가 많았다. 마지막
으로 한일관계에 영향을 미치는 변수가 너무나도 많다는 것이
다. 어떤 수강생은 28페이지 넘는 분량에 정치, 경제, 사회, 문
화, 역사 등의 사례를 열거하였고, 어떤 수강생은 일본인들의
독도 침탈 기도와 정신대 문제, 일본의 역대 총리의 가계와 망
언들을 날짜까지 정확하게 제시하였다.

사실 중요한 것은 한일관계가 최근에 냉각된 것이 한국의 억
지보다는 일본의 상식을 벗어난 안하무인 행동에서 비롯된 점
이라는 것이다. 따라서 '결자해지'의 측면에서 일본 정치인들
이나 우익들, 그리고 그들을 심정적으로 지지하고 있는 대다수
의 일본 국민들이 바뀌지 않는다면 수강생들의 기대와는 달리

미래가 불투명할 것이라고 본다. 확대만 되어 가고 있는 대일무역 적자폭이나 기초산업과 부품산업의 종속문제, 일본 만화나 소설의 국내 반입 증가로 문화종속 등의 사태를 보면 이렇게 가다가는 한국이 손해를 더 많이 보게 될 것으로 보인다.

우리는 좀더 냉정하게 일본의 경제력이나 국제사회에서의 위치 등을 보고 합리적인 의사결정을 하여야 할 필요가 있다. 한국 사람들은 대개 순수하고 열정적인 측면이 있다. 정이 많아서 그렇다고 하는데, 국제문제를 객관적으로 보고 합리적인 대안을 제시하는 경우에는 이런 성향 때문에 도리어 해가 되는 경우가 많다.

Activity

첩보분석 6단계로
한일관계 전망

이 과제의 주제는 '첩보분석 6단계를 적용하여 한일관계의 미래를 전망하라.'는 것이었다. '전략적 메모의 기술' 강좌에 생뚱맞게 무슨 정치적인 내용인가라는 항의(?)와 무슨 의도로 이런 과제를 제출하라는지 모르겠다는 질문을 많이 받았다.

한일관계는 유럽의 영국과 프랑스의 관계처럼 오랜 앙숙의 역사를 가지고 있지만 현재 정치, 경제, 문화적으로 밀접한 관계를 형성하고 있다. 평소에 봄만 되면 일본 시마네현의 '독도의 날'에 언론들이 쏟아내는 기사에 흥분하고, 일본 우익정치인들이 과거사 문제, 역사교과서 왜곡 관련 이슈에 대해 한마디할 때마다 울분을 토하는 것이 대부분의 한국 국민이나 정치인들의 현주소이다.

따라서 평소에 한일관계에 얼마나 관심을 가지고 각종 언론보도 등에 나타난 문제점, 발전방향 등을 메모하고 관리하여 객관적인 시각에서 살펴보고 합리적인 대안제시가 필요하리라 생각하였다. 물론 이러한 습관과 노력은 다른 사회 현상에 대해서도 동일하게 적용할 수 있을 것이다. 한미 FTA협상, 미국 쇠고기 문제, 북한의 핵실험, 북한에 대한 식량지원, 중국과의 무역관계, 국내 외국근로자의 인권문제 등 다양한 국내외 현안을 슬기롭게 헤쳐나갈 수 있는 대안제시와 국민적 합의를 도출하였으면 한다.

다음은 한일관계의 전망에 대한 리포트 중 일부분이다.

1. 정확한 문제를 설정

일본과 한국은 '가깝고도 먼 나라', '견원지간(개와 원숭이처럼 사이가 좋지 않음)'이라고도 한다. 최근에도 독도문제와 일본 총리의 신사참배 등으로 인하여 별로 좋은 않은 관계를 유지하고 있다.

향후 한국과 일본의 양국의 관계는 어떻게 될 것인가?

2. 제기된 문제에 가설 설정

1) 향후 한국과 일본의 양국 관계는 대치상황으로 갈 가능성 농후
2) 향후 한국과 일본의 양국 관계는 협력관계로 갈 가능성 농후

3. 가설을 검증하기 위하여 첩보의 수집(그림 참고)

부정적 영향   긍정적 영향

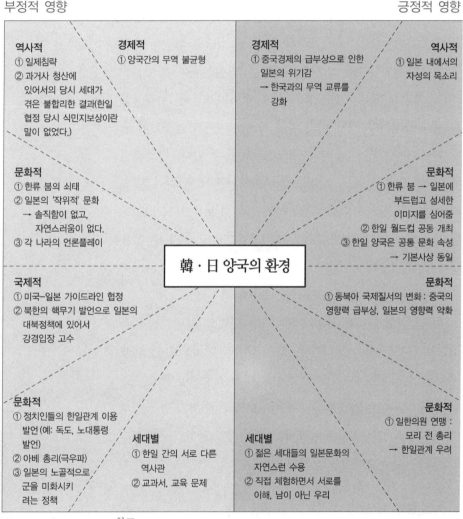

역사적
① 일제침략
② 과거사 청산에 있어서의 당시 세대가 겪은 불합리한 결과(한일협정 당시 식민지보상이란 말이 없었다.)

경제적
① 양국간의 무역 불균형

경제적
① 중국경제의 급부상으로 인한 일본의 위기감
→ 한국과의 무역 교류를 강화

역사적
① 일본 내에서의 자성의 목소리

문화적
① 한류 붐의 쇠태
② 일본의 '작위적' 문화
→ 솔직함이 없고, 자연스러움이 없다.
③ 각 나라의 언론플레이

문화적
① 한류 붐 → 일본에 부드럽고 섬세한 이미지를 심어줌
② 한일 월드컵 공동 개최
③ 한일 양국은 공통 문화 속성
→ 기본사상 동일

국제적
① 미국-일본 가이드라인 협정
② 북한의 핵무기 발언으로 일본의 대북정책에 있어서 강경입장 고수

韓·日 양국의 환경

문화적
① 동북아 국제질서의 변화 : 중국의 영향력 급부상, 일본의 영향력 약화

문화적
① 정치인들의 한일관계 이용 발언 (예: 독도, 노대통령 발언)
② 아베 총리(극우파)
③ 일본의 노골적으로 군을 미화시키려는 정책

세대별
① 한일 간의 서로 다른 역사관
② 교과서, 교육 문제

세대별
① 젊은 세대들의 일본문화의 자연스런 수용
② 직접 체험하면서 서로를 이해, 남이 아닌 우리

문화적
① 일한의원 연맹 : 모리 전 총리
→ 한일관계 우려

참고:
- 네이버 백과사전, 지식인 검색
- 서양 사학자가 본 한일관계
  http://blog.naver.com/rudghks000?Redirect=Log&logNo=60034445785
- 한일관계와 과거청산 부산대학교 국제지역문제연구소, 제17권 제1호, 1999.3
  http://blog.naver.com/hhong8942?Redirect=Log&logNo=120029229139

4. 가설평가

수집한 첩보에 따르면, 한일관계에 영향을 미치는 분야별 조건으로 판단하였을 때 여러 변수가 작용하며, 그에 따른 신중한 결정이 요구된다.

1) 향후 한일 관계는 대치상황으로 갈 가능성 농후

섬나라라는 일본의 특성상, 외부로 뻗어나가기 위한 움직임은 계속될 것이다. 그에 따라 가장 가까운 대륙과 연결되어 있는 한반도는 그러한 움직임에서 자유로울 수 없다. 양국간의 해결되지 않은 과거사 문제도 계속해서 논쟁이 될 것이고, 그런 과거사를 정치적으로 이용하려는 일본의 보수 우익세력 또한 존재하기 있다. 결과적으로 대치상황으로밖에 갈 수 없을 것이다.

2) 향후 한일 관계는 협력관계로 갈 가능성 농후

미래의 한일 관계를 단순히 대치 또는 협력 같은 이분법적 관점으로 나누는 것은 무리가 있으나, 장기적 안목으로 봤을 때 미래를 살아가는 세대들의 한일 서로 대한 개방적인 사고는 편견을 타파할 수 있는 중요한 사항이라고 생각된다. 또한 급격하게 성장하고 있는 중국을 견제하고, 동반성장을 하기 위해서라도, 양국간의 협력관계는 유지될 것이다.

5. 가설 중에 최선보다 최적의 가설 선택

→ 향후 한일 관계는 협력관계로 갈 것이다

6. 지속적인 검증과 모니터링 필요

한일 관계는 단순히 과거사를 통해 논할 것이 아니라 다각적으로 고려해야 할 사항이다. 특히 한반도라는 지형상의 위치와 북한, 미국, 주변국과의 이해관계가 엮여 있고, 국제정세와 경제문제와도 맞물리는 만큼 예측에 주의가 필요하다.

일본 내에서의 현 후쿠다 총리의 한국에 대한 정책노선을 모니터링하고, 그에 따른 적절한 대응이 필요하다. 한국의 현 정부도 대일 외교정책 방향도 한국과 일본관계의 방향을 결정하는 중요한 파라미터가 될 것이라고 본다.

'지피지기백전불태 [知彼知己百戰不殆]'라는 말이 있다. 상대를 알고 나를 알면 백 번 싸워도 위태롭지 않다는 뜻이다. 상대편과 나의 약점과 강점을 충분히 알고 승산이 있을 때 싸움에 임하면 이길 수 있다는 뜻이다. 일본과의 협력 관계를 유지하기 위해서는 일본이 아닌 한국의 의지대로 관계를 유지할 수 있어야 하고, 그에 걸맞은 국력을 키우기 위해서도 일본이란 나라를 연구하고 관찰하는 자세가 필요할 것이다.

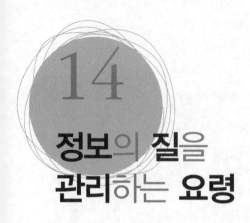

14
정보의 질을
관리하는 요령

　　'좋은 정보가 더 나은 가치'를 지니는 것은 당연하
다. 그래서 많은 사람들이 고급 정보를 입수하려고 노력을 하는
것이다. 하지만 고급 정보를 바로 입수하지 못하게 되더라도 다
양한 첩보를 입수하여 질을 잘 관리하면 된다.

　　정보의 질을 결정하는 요건을 살펴보자. 정보는 다음과 같은
4가지 질적 요건이 있다. 첫째 적합성(relevance)으로 정보가
정보소비자의 정보요구와 어느 정도 연관성을 가지는지 정도
를 말하며, 둘째 적시성(timeliness)은 정보가 필요한 시점에 제
대로 제공되어야 한다는 것을 말한다. 셋째 객관성((objectivity)
은 정보분석자의 주관성과 선호도 등이 배제되었는지 여부로
판별하며, 넷째 정확성(accuracy)은 정보가 어느 정도 사실과

부합되는지로 측정한다. 이런 정보의 질을 관리하는 요소를 가지고, 다음의 사례를 살펴보자.

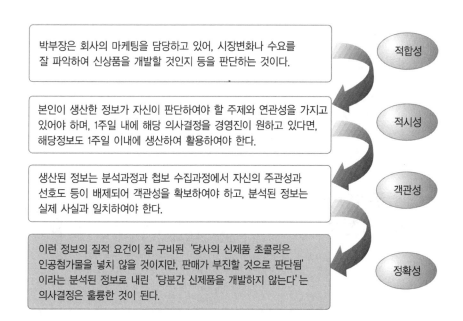

위 표를 보면서 제과회사 마케팅 팀장인 박부장의 의사결정 과정을 살펴보자. 박부장은 회사의 마케팅을 담당하고 있어, 시장변화나 수요를 잘 파악하여 신상품을 개발할 것인지 등을 판단해야 한다. 따라서 본인이 생산한 정보가 자신이 판단하여야 할 주제와 연관성을 가지고 있어야 하며, 1주일 내에 해당 의사결정을 경영진이 원하고 있다면 해당 정보도 1주일 이내에 생산하여 활용하여야 한다.

Key Point

정보의 질(quality) 관리
- 적합성(relevance) : 연관성 여부
- 적시성(timeliness) : 필요한 시점에 제공 여부
- 객관성(objectivity) : 주관성과 선호도 배제
- 정확성(accuracy) : 사실과 부합되는 정도

물론 생산된 정보는 분석과정과 첩보 수집과정에서 자신의 주관성과 선호도 등이 배제된 상태에서 객관성을 확보하여야 하고, 분석된 정보는 실제 사실과 일치하여야 한다. 이런 정보의 질적 요건이 잘 구비된 '당사의 신제품 초콜릿은 인공첨가물을 넣지는 않을 것이지만, 판매가 부진할 것으로 판단됨'이라는 분석된 정보로 내린 '당분간 신제품을 개발하지 않는다'는 의사결정은 훌륭한 것이 된다.

업무파악을 위한 6가지 방법

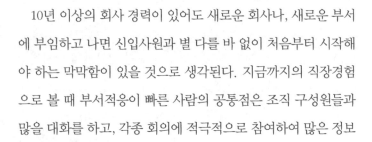

어느 기업의 중간 간부가 정리해서 제출한 리포트이다.

10년 이상의 회사 경력이 있어도 새로운 회사나, 새로운 부서에 부임하고 나면 신입사원과 별 다를 바 없이 처음부터 시작해야 하는 막막함이 있을 것으로 생각된다. 지금까지의 직장경험으로 볼 때 부서적응이 빠른 사람의 공통점은 조직 구성원들과 많을 대화를 하고, 각종 회의에 적극적으로 참여하여 많은 정보

 Plus one

수집된 첩보가 정보생산에 부족할 경우
정확하고 충분한 첩보가 없다면 정확한 상황판단이나 결정을 할 수가 없다. 하지만 시간이 급할 경우, 어쩔 수 없다. 다만 수집한 내용과 자신이 분석한 내용을 명확하게 구분하여 가중치를 별도로 주도록 한다.

를 얻고, 그것을 통해 업무파악을 하는 사람이었다. 즉 혼자 부서 내 기존 서류를 뒤적거리며 업무 파악을 했던 옛날과는 그 방법이 완전히 달라졌고, 선임자들 또한 그렇게 지도하는 경우는 이제 없다고 본다.

하지만 기존 업무의 현상유지나 연장이 아닌 지속적으로 발전하기 위한 업무 파악은 이러한 정보수집에서 한 단계 업그레이드된 방법이 필요하다. 그것은 파악한 정보를 정리하고 분류하여 자기 것으로 만들고, 어떻게 업무에 적용할 것인가를 연구해야 한다.

누구나 한, 두 권의 업무 노트를 가지고 있다. 그러나 그것을 활용하는 수준은 천차만별이다. 지금 같은 정보의 홍수의 시대에 살고 있는 현대인은 더욱 더 정보를 다듬어 관리하는 기술이 필요하다. 따라서 양적인 관리보다는 질적인 관리가 중요하며, 질적인 관리의 기본은 정보의 적합성, 적시성, 정확성, 객관성이다. 또 적절한 정보의 분류가 필요하며, 체계적으로 정리된 정보라야 그 활용이 편리하며, 그렇지 않을 경우 분명 메모를 한 것 같은데 찾지를 못해 정작 필요한 시기를 놓치는 경우가 발생할 수 있다.

내가 권하고 싶은 업무파악을 위한 방법은 다음 여섯 가지이다.

첫째 자기가 관리해야 될 제품이 여러 가지라면 제품별로 메모장을 분리해서 사용하는 것이 좋다. 그 분리의 방법은 태그(TAG)를 붙여 간단히 해결할 수 있다.

둘째 신속, 정확한 업무 파악을 위해서는 업무의 프로세스 파악이 중요하다. 우선 조직 내의 핵심인(Key Man)을 확인하여 자기가 해야 할 업무 프로세스를 처음부터 끝까지 설명을 받는다. 핵심인력이 누구인지를 꼼꼼히 메모하고, 자기가 별도로 판단하여 최선의 업무 프로세스를 업무순서와 핵심인을 연결하여 정리한 메모를 맨 앞장에 관리한다.

셋째 전체 프로세스를 파악했으니, 각 업무의 세부 진행방법을 핵심인에게 문의하여 정리한다. 각 세부 프로세스별로 번호를 붙여 전체 업무 프로세스 다음에 연결하여 정리한다. 물론 전체 프로세스에도 동일한 번호를 부여하여 신속하게 찾을 수 있도록 한다.

넷째 일을 하다보면 정상적인 프로세스가 아닌 변칙적인 상황이 발생할 수 있다. 이런 일을 신속, 정확하게 처리하는 것이 업무의 기술을 가늠하는 중요한 기준이 될 수 있으므로 더욱 관심을 가지고 파악해야 한다. 이런 일들은 주로 경험이 많은 직원과 대화를 통해(업무 外 술자리, 티타임 등) 입수하는 것이 더 효과가 있을 수 있다. 사무적이고 딱딱하게 메모를 하는 것보다는 핵심만 파악하여 키워드 중심으로 메모를 하는 것이 효과적이다

다섯째 메모 시 반드시 메모일자, 정보전달자, 전달상황(회의, W/SHOP 등), 참석자를 기입하여 필요 시 문의할 수 있는 채널을 구축해 둔다.

마지막으로 메모 작성 시 필기구의 컬러를 유효적절하게 활용하는 것이 편리하다. 예를 들면 직속상사의 지시사항은 빨간

색에 별표, 관련부서의 협조사항은 파란색의 네모, 외부에 확인해야 할 사항은 검정색의 동그라미 등으로 표기를 한다면 그 분류를 간단하면서도 쉽게 받아들일 수 있다.

메모가 업무를 파악하는 첫걸음이라면, 그 다음은 메모를 보고 자신이 부족한 점이 무엇이고 부족한 점을 어떤 수단으로 보완할지 대책을 세우고 실천해야 한다. 회사 내 교육, 책을 이용하는 방법, 실력자에게 직접 전수를 받는 등 적극적인 자세가 필요하다 하겠다.

Activity 2

동료와 자신을 위한 정보원보호 노력

어느 병원에 근무하고 있는 수강생이 제출한 리포트이다.

저는 동생과 같이 간호사 생활을 하고 있습니다. 물론 동생은 제가 다니는 병원과 늘 경쟁을 하는 ○○병원에서 근무를 합니다. 그래서 늘 동생을 통해서 그 병원에서 일어나고 있는 중요한 일들을 듣게 됩니다. 그렇다고 해서 제가 듣는 모든 정보들이 정말로 중요한 핵심정보일 것이라고는 생각하지 않았습니다.

그래도 늘 동생 입장을 생각하면 그리 쉽게 생각되지는 않습니다. 그래서 제 주관적인 생각으로 판단하기보다는 늘 객관적인 시각에서 객관적인 정보를 전하기 위해 행동과 말을 많이 아끼게 됩니다. 간혹 주변에서는 무슨 일을 진행하고 있을 때(예 : 의료기관평가 준비 시) 저에게 "ㅇㅇ병원은 어떻게 하고 있대?"라고 많이 물어봅니다. 정말 이럴 때가 제일 난감하고 어렵다고 생각합니다. 왜냐 하면 제 자신도 보호하고, 정보원인 제 동생도 보호해야 하기 때문입니다.

그 당시 마침 정말 중요하다면 중요한 정보를 동생을 통해 듣게 되었습니다. 하지만 그 정보는 제 동생에게도 공식적인 정보가 아니었기에 얘기하기가 정말 어려웠습니다. 그런데 다른 직원이 어떻게 알았는지 제가 들었던 얘기를 먼저 꺼내는 것이었습니다. 하지만 제가 들은 얘기와는 조금은 다르게 얘기를 하는 걸 보았을 때 사실 갈등보다는 제가 듣고 알고 있는 얘기를 아무런 느낌 없이 말해버린 적이 있었습니다.

처음 얘기 시작할 때는 망설여지기는 했지만 나중에 아무렇지 않게 얘기하는 저의 모습을 보고 스스로 실망한 적이 있었습니다. 아마 이 과정을 조금 더 일찍 알고 생각을 깊게 했었더라면 실명보다는 이니셜을 사용했을 터이고, 정보를 준 상대방과 나 자신을 보호하기 위해 다운그레이드하여 보안유지를 했을 것입니다.

다른 수강생은 직장생활을 하면서 위와 유사한 경험을 한 적이 있다고 하였다.

올해 정말 중요한 인사발표가 나기 전 떠도는 소문이라든지 정확한 정보통을 통해서 들은 정보를 상대방 정보원을 보호하고 보안유지를 잘 한 적이 있습니다.

사람들이 아무런 근거 없는 얘기를 할 때마다 정보를 누출하고 싶은 욕구는 많았지만 아마도 내 자신의 신뢰가 그 어떠한 것보다도 더 중요하다는 걸 알기에 그 순간의 유혹을 잘 참아내어 나의 신용의 점수가 올라가게 됨을 자랑스럽게 생각합니다. 앞으로 사회생활을 하면서 더 많은 유혹이 있겠지만 이 과정을 통해서 배운바 대로 나 한 사람으로 인해 여러 사람에게 피해가 가지 않도록 항상 세 번 이상 생각하고 행동하는 사람이 되도록 더 많은 노력을 해야겠다고 다짐합니다.

이 과정을 통해 많은 생각과 반성의 시간을 갖게 해주셔서 감사하고, 배운 것을 실생활에 접목하여 사용할 수 있게 생활 속에서 늘 메모하는 습관을 갖도록 노력하겠습니다.

15

정보생산을 위한
메모요령

첩보의 수집과 관리, 정보의 질의 관리 등 전 과정의 최종 산출물이 정보보고서이다. 모든 일은 진행하는 과정도 중요하지만, 결과도 그에 못지않게 중요한 것이 사실이다. 일반적으로 과정을 중요시하는 사람들이 많은데, 대부분 결과가 좋지 않기 때문에 그것을 자위하거나 변명하기 위한 수단으로 활용하는 것에 불과하다. 여하간 훌륭한 정보보고서는 핵심첩보를 잘 정리해 놓은 메모에서 시작된다. 정보보고서를 작성할 때는 미리 주제와 아이디어를 메모하는 것이 좋다. 먼저 전체의 흐름과 결론을 정한 뒤, 상세 내용을 정리해 가는 방식이다. 각종 첩보와 단편적인 정보를 기반으로 종합적인 보고서를 작성하는 것은 결코 쉬운 일이 아니다.

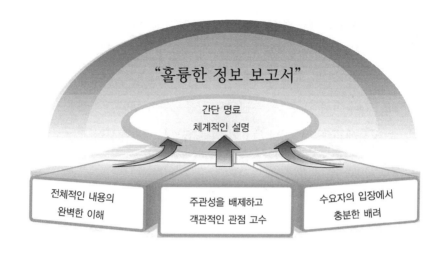

"훌륭한 정보 보고서"

간단 명료
체계적인 설명

전체적인 내용의
완벽한 이해

주관성을 배제하고
객관적인 관점 고수

수요자의 입장에서
충분한 배려

훌륭한 정보보고서를 작성하기 위해서 정보메모를 활용하는 방법을 살펴보자. 우선 전체적인 첩보내용과 수요자의 요구를 완벽하게 이해하여야 한다. 정보생산자 자신이 사안을 충분하게 이해하지 못하였는데, 정보수요자를 만족시킬 수 없을 것이다. 물론 자신이 수요자일 경우에도 마찬가지이다. 자신도 이해하지 못한 사안을 가지고 정보를 생산하고 생산된 정보를 자신의 인생이나 사업에 영향을 미칠 수 있는 의사결정을 할 수는 없을 것이다.

둘째, 자신의 주관을 최대한 배제하고 객관적인 관점을 유지하여야 한다. 동양 사람들 특히 한국 사람들은 감정에 휘둘리고 객관적으로 현상을 보는 눈이 매우 부족하다.

셋째, 정보를 생산할 시에는 수요자에 대한 배려가 필요하다. 생산하는 목적이 수요자의 생각이나 행동에 영향을 미치기 위해서이기 때문에 가장 중요한 요소이다.

이러한 단계를 거친 생각과 분석내용이 간단명료하고 체계적인 정보보고서를 구성하게 된다. 이와 같이 정보보고서를 작성하여 관리한다면, 개인적으로 이해하거나 활용하기에도 유리하고, 조직 내의 의사소통 수단으로 활용하여도 무방할 것이다. 즉 상사에게 보고하거나 동료와 업무 협조용으로 정보를 교환하거나, 부하 직원에게 업무 지시를 하기 위한 기초 정보제공에도 매우 유용할 것으로 보인다.

그런데 많은 사람들은 정보보고서를 작성하면서 수요자에 대한 배려를 전혀 하지 않는 경우가 많다. 보고서를 읽을 사람의 지적 수준, 해당업무에 대한 이해 정도, 시간적 여유 등을 고려하여 시각적 효과, 요약본, 용어 설명 등을 곁들이도록 한다. 보고서가 장황하고 난해하며, 결론

Key Point

정보생산 노하우

- 내용을 충분히 이해할 수 있도록 자료 제공
- 내용을 객관적인 입장에서 작성함
- 장황하지 않도록, 알기 쉽게 풀어 쓸 것
- 간단명료하고 체계적인 설명으로 문맥을 구성

이 없는 경우도 많다. 특히 관공서의 경우, 단순한 기안서나 보고서도 장황하게 나열하여 무슨 말인지 이해가 되지 않는 경우가 많다. 간단한 표나 플로우 챠트 하나도 없는 경우가 대부분이다.

Plus one

보고서 내용이 상급자의 의중과 배치될 때

열심히 수집하고 정리한 내용이 상급자의 요구와 다를 수 있다. 이러한 경우에는 무조건 자신의 정보내용을 주장하지 말고, 다른 가능성을 인지하는 것도 도움이 되지 않겠느냐는 식으로 주장하고 상황을 그대로 받아들이도록 한다.

Activity 1

평상시 정보를 활용한 자기계발

정보관리를 통해 자신만의 취미활동을 잘 하고 있는 수강생이 제출한 리포트이다.

제가 요즘 비누 만들기에 빠져 있습니다. 비누 만드는 방법과 재료들을 가지고 설명하겠습니다.

처음 우연히 방송에서 비누에 대한 강좌를 듣게 되었습니다. 그것을 보고 민감한 우리 가족 피부를 위해 비누를 만들어야겠다는 생각을 하고 인터넷 포털 사이트에서 검색을 해서 비누 사이트를 찾았습니다. 키트(kit)로 준비된 재료를 사서 주변의 정보통을 가동해서 한번 만들어본 경험이 있는 사람과 같이 만들면서 정보를 모읍니다. 이 과정에서 잡지 또는 책 그리고 방송에 나온 것들을 숙지합니다. 기존 자료 중에는 필요 없는 정보도 많으니 그것을 주의해서 자료를 수집합니다.

그래서 필요한 부분은 방송 같은 경우는 화면 캡처한 후 보고서를 작성하고 책은 필요한 정보를 복사해서 스크랩을 합니다(나만의 새로운 책을 만드는 것입니다). 이렇게 만든 것을 메모를 하는 다이어리에 보관을 해두고 나중에 한 권의 책을 만들어 보관합니다. 가끔 찾기 어려운 경우도 있으니 책갈피를 미리 해둡니다. 책으로 만들어 가끔 보고 일년에 한번씩 다시 자료를 정리합니다. 이것이 기본 정보를 제 것으로 만들어가는 과정입니다.

업무메모 노하우의 일상생활 확장

어느 수강생은 다음과 같은 리포트를 제출하였다.

강의를 들으면서 느낀 점은 다양한 분야에서 메모를 활용한다면 지금과 같이 놓치거나 우선순위를 실수하지 않고, 어떤 일을 했는지 등을 체계적으로 가시화할 수 있다는 것입니다.

처음엔 우습게보고 생각했던 '전략적 메모의 기술' 노하우를 학습하면서 개인적으로 평소에 생각하지 못한 부분에 대한 세심한 고찰을 한 시간을 가지게 되었습니다. 작고 쉬워 보여서 그냥 스쳐간 팁들은 다시 한 번 보면서 아주 유용한 팁으로 정리를 하였습니다.

일단 적용할 분야는 업무 영역에서는 회의록이나 다이어리를 활용하여 적어나가고 있습니다. 다이어리에 기록할 때의 방법도 삼색 펜을 활용하거나 미팅이 완료된 다음엔 어떻게 정리가 되었는지, 다음 미팅 시 연결된 과제는 없는지 등을 간단히 함께 메모하고 있습니다. 이 부분은 강의 내용을 바로 적용하여 많은 효과를 보고 있는 부분입니다.

이러한 업무 메모 노하우를 확장하고픈 영역은 아이의 학습 분야입니다. 평소에 직장생활을 하면서 소홀해지기 쉬운 부문인데, 평소에 교육에 관한 메모와 나의 공상, 사색, 플랜 등을 정리하는 메모를 해보면 좋겠다고 생각합니다. 말로만 하거나 생각만으로 머물면서 뿔뿔이 나열된 다양한 희망사항을 메모하면 아이 교육에 관한 나만의 지식창고가 되리라 생각합니다.

아이에 대한 바람과 나의 역할 등을 정리하는 습관을 갖도록 말입니다

대통령의 보고서 관련 질책의 핵심 이해

대통령이 장관의 보고를 받는 자리에서 '보고서가 형편없으니 작성한 사람을 징계하라.'는 식의 발언을 하여서 화제가 된 적이 있다. 각종 신문의 주요 기사 작성방향은 '대통령이 단순한 보고서 문제로 말단 공무원을 깬다.'는 식이었고, 소심하고 인기 없는 대통령의 객기 정도로 묘사하고 비방하였다. 사실 문제의 핵심은 다른 데 있다. 앞에서 지적한 대로 관공서나 공공기관의 보고서들은 앞에 제시한 정보보고서 작성 요령을 거의 지키지 않는다.

이 사태의 가장 중요한 문제는 자신도 이해되지 않는 애매한 내용을 대통령 앞에서 책 읽듯이 읽은 장관에게 있다. 아무리 정치인이고, 경력관리상 장관을 하고 있더라도 국가의 녹을 먹는 만큼 업무를 배우고 이해하려고 노력을 하여야 한다.

두 번째 해당 부처의 차관이나 국장들의 태도가 문제이다. 장관이 정치인이고 해당 업무에 정통하지 않는다는 사실을 알고도 그런 보고서를 결재하여 들려 보냈다는 것은 자신들의 역할을 태만하였거나 장관을 길들이기 위한 것으로 볼 수 있다. 즉 장관으로부터 업무 간섭은 받지 않고, 욕먹거나 애매한 문제에서는 장관의 정치능력을 활용해서 풀고자 한 것이다.

세 번째 그런 문서를 기안한 실무책임자와 계통상의 상급자들이 책임을 지지 않기 위해 애매한 형태의 보고서를 작성한 것이다. 만약 후자의 인식에서 그러한 보고서가 작성되었다면 이 나라의 앞날이 캄캄한 것이고, 전자의 경우라면 공무원채용시스템이나 교육시스템을 개혁하여야 한다.

물론 수십 년간 이런 식으로 보고해도 문제 삼거나 지적해주는 장관이나 대통령이 없었고, 현재의 대통령이 젊고 혁신적이어서 공무원의 사고와 경험으로 따라가기 어려울 수도 있다. 또는 여러 신문에서 이야기 하듯이 국정 장악능력이 떨어진 대통령이 시간이 많이 남아서 이런 것에까지 신경을 쓸 여력이 있는지도 모른다.

일반 국민들은 다양한 첩보를 냉철하고 종합적으로 분석할 능력이 없으므로 당연히 우리 사회의 주요 언론들이 하는 이야기를 들을 수밖에 없고, 그것이 전부이고 사실로 이해하게 된다. 하지만 모든 일을 조금만 더 냉정하고 객관적으로 보면 이면의 진실과 논란의 핵심을 알게 된다. '현명한 사람은 역사에서 배우고, 우둔한 사람은 경험에서 배운다.'고 한다. 대통령은 '천운'을 타고 나야 한다고 하는데, 아무런 지지기반 없이 어느 날 혜성처럼 나타나 정권을 장악한 사람이 언론이나 기득권, 정치인들이 평가하는 것처럼 우둔하거나 판단력이 없다고 보이지는 않는다. 만약 그렇다면 왜 그렇게 똑똑하고 직관력이 높은 사람들이 대통령 자리를 빼앗기고, 그가 던지는 한두 마디 말에 휘둘리는지 이해가 되지 않는다. 진실을 누군가는 알고 있겠지만, 정말 세상일은 알 수가 없다.

16

메모장으로 교양 쌓기

모범생으로 학교생활을 하고, 성적이 우수한 사람이 사회생활도 잘 한다는 보장은 없다. 오히려 학업성적은 형편없었지만 사회에 나와서 융통성도 많고 인간관계도 잘 맺는 사람이 많다. 그렇다고 학교에서 '문제아'로 살라고 할 배짱이 있는 교육자와 학부모는 없을 것이다. 사회생활에 필요한 것은 학교에서 배우는 화학이나 물리, 수학 지식보다도 일반상식이다. 일반적으로 우리 주위에 상식이나 교양이 부족한 사람이 의외로 많다. 그렇다면 이런 교양이나 상식을 쌓을 수 있는 방법은 어떤 것이 있을까?

일단 다음의 그림을 참조해 보자. 우선 메모장을 구입하여 TV나 신문을 보면서, 아니면 인터넷을 하면서 접하는 용어나 신문이나 TV등에서 듣는 용어나 내용 중에 모르는 것은 메모장에 기록하는 습관을 들인다.

메모장에 나름대로 카테고리를 분류하여 적는 공간을 정한다.

일반상식, 전문분야 등으로 구분하여 메모한다.

메모한 내용을 보완할 필요가 있을 경우 인터넷이나 전문 서적을 활용하여 메모장에 필요한 정보를 추가한다.

정보 중에서 모르는 것은 항상 적도록 한다. 메모장도 공간을 분리하여서 내용별로 정리를 한다. 일반상식, 전문분야 등으로 구분하기도 하고, 업무와 비업무 등으로 분류하여 해당 내용을 메모한다. 그리고 마지막으로 메모한 내용이 부족하거나 이해가 되지 않을 경우, 인터넷이나 전문 서적을 활용하여 본인이 필요한 정보를 추가한다. 이렇게 하면 메모장이 '자신만의 백과사전'이 되는 것이다.

요즘은 '세상이 너무도 빨리 변한다'고 하는 사람이 많다. 실제로 우리 주위에 일어나는 사건과 새로운 용어, 다른 나라의 문화, 역사, 음식, 사람 등에 관한 내용을 알고 있지 않으면 대화가 되지 않거나 다른 사람의 말이나 글이 이해가 되지 않는 경우도 있다. 그래서 상식을 알고 있어야 하는 것이다. 상식은 많은 시간을 가지고 하나씩 습득하는 것이지, 어느 날 갑자기 책 한권 사서 외운다고 생기는 것은 아니다. 상식책을 보면서 단기간에 외운 지식은 취직을 하고 나면 다 잊어버리게 되기 마련이다.

일단 직장에 들어가면 상식과는 담을 쌓고 지내는 사람들이 의외로 많다. 이런 사람들이 조직 바깥에 나오면 바보가 되는 것이다. 가족 구성원과도 대화가 되지 않고, 다른 업종이나 기업에 근무하는 친구들과도 공유할 화젯거리가 없는 경우가 많다. 물론 정치나 경제, 연예인 이야기로 '희희낙락'하면서 시간을 보낼 수도 있지만, 하루 이틀 이런 모임을 갖다 보면 차츰 흥미도 없어지게 된다. 이때가 되면 정말 자기 조직밖에 모르는 '조직형 인간'이 되어 교양과 상식은 먼 나라 이야기가 되고 만다.

Key Point

메모활용으로 교양 쌓는 노하우
• 새로운 용어나 지식이 나오면 정리
• 카테고리별로 분류하여 정리
• 전문서적이나 인터넷을 활용하여 추가 및 보완
• 항상 메모장을 휴대하면서 참조 혹은 암기할 것

우리가 접하는 각종정보를 하나씩 정리한다고 그것이 인생에 무슨 도움이 되겠냐고 생각할 수도 있다. 하지만 '티끌 모아 태산'이다. 그냥 편하게 매일 보는 신문을 스크랩하고, TV 뉴스를 모니터링 하는 식으로 하나씩 시작하면 된다. 관심영역도 한 가지 한 가지씩 늘려가야 한다. 너무 욕심을 부려서 모든 것을 전부 하려고 하다 보면 쉽게 지치게 된다.

온라인 강좌를 수강한 수강생이 다음과 같은 내용의 글을 적어 보내 왔다.

'전략적 메모의 기술'을 학습한 후, 별도의 노트를 구비하여 중요 기사 및 생활의 지혜, 용어 등을 몇 개 분야로 구분해서 정리한다. 그리고 수시로 출퇴근 시간에 노트를 보며 궁금증 및 이해가 덜 된 내용에 대해서는 별도의 색볼펜으로 체크를 해서 바로 확인해 본다. 그리고 인터넷 검색을 활용하면 쉽게 이해가 된다.   - S전기 30대 후반 직장인

일상생활에서 정보 메모를 하는 방법

평소에 생활하면서 얻을 수 있는 정보관리 방법에 관한 리포트이다.

평소에는 메모의 중요성에 대해서 깊게 생각해보지 않았습니다. 지금 생각해보면 그 당시 메모한 게 있었더라면 처음부터 다시 찾아봐야하는 수고도 덜 수 있었을 테고 그 메모를 간직해 두었다가 후에 유용하게 쓰일 수도 있었을 것입니다. 일상생활에 필요한 정보를 다음과 같이 해보고 있는데 강의를 듣고 개선한 부분도 많습니다.

1. TV 뉴스 & 프로그램
집이나 외부에서 TV를 보다가 중요한 자료를 수기로 메모한

다는 것이 쉽지 않았습니다. 수첩과 볼펜을 꺼내고 적는 것이 익숙하지 않을뿐더러 소지하고 있지 않는 경우가 많기 때문에 휴대폰이나 MP3에 음성녹음을 하고 후에 수첩에 따로 정리를 하는 방법을 사용합니다. 음성녹음을 후에 다시 듣는 일이 많지 않고 후에 필요할 때 청취하고 기록하는 것보다 빠른 시간 안에 문자화 해놓는 것이 좋은 방법이라고 생각합니다.

2. 라디오 & 신문

라디오를 듣다가 필요한 정보가 있으면 테이프에 녹음을 하여 후에 다시 재청취하고 수첩에 문자화해둡니다.

3. 신문

신문에 필요한 자료가 있으면 복사를 해두거나 뒷면이나 그 면의 다른 정보가 필요하지 않으면 잘라서 스크랩북에 붙여둡니다. 이때 오른쪽 면에 여백을 두어 후에 업데이트된 정보나 나의 의견이 있으면 적어둡니다.

4. 인터넷 자료

컴퓨터로 진행하는 업무도 많고 참고해야 할 자료가 인터넷에 많습니다. 주로 지식검색에서는 ○○을 사용하는데 블로그가 있어 그 자료를 스크랩하여 나의 블로그에 담아두고 필요할 때 꺼내보거나 필요한 정보는 수첩에 다시 간략하게 적어놓습니다. 그리고 블로그는 관심 있는 자료를 담아둘 수 있을 뿐만 아니라 이를 다른 사람들과 공유할 수 있는데 나뿐만 아니라 친구들과 정보가 필요한 이에게 많은 도움이 되고 있습니다.

5. 회사 다이어리

근무한지 2년이 넘어가다보니 쓰다 말고 정리하지 않은 다이어리가 있었습니다. 버리려니 필요한 자료가 있기도 하고 정리의 필요성을 몰라서 그냥 두었는데 강의를 듣고 나서 필요한 자료를 다시 정리해 보았습니다. 다이어리에 중요한 내용은 파일로 정리하여 두었고 정리한 다이어리는 버렸습니다. 몇 년 지난 다이어리들을 다시 보니 이런 메모들이 지금 업무에 유용한 것이 많이 있었습니다. 시간이 지난 데이터들도 업데이트를 하고 자주 보면 업무에 익숙해질 수 있을 텐데 좀더 일찍 정리할 생각을 못했다는 것이 아쉬웠습니다.

6. 회사 & 집(포스트잇)

해야 할 일이나 기억해야 할 정보를 포스트잇에 메모하여 책상 위에 붙여둡니다. 종이로 된 포스트잇 말고도 컴퓨터 바탕화면의 디지털 포스트잇 프로그램도 활용하여 보관도 하고 필요시 출력도 합니다.

일상생활에서 메모하는 방법도 중요하겠지만 메모하는 기술도 중요하다고 생각합니다. 머리가 아무리 좋아도 메모하지 않으면 잊어버리기 마련입니다. 예전에는 큰 다이어리가 좋다고 생각했는데 쓰다 보면 크고 무거워서 어느새 가지고 다니지 않게 되었습니다. 손에 쥐기 편하고 가벼운 것으로 한 권만 쓰는 것이 중요할 것 같습니다. 그리고 항상 메모할 수 있는 준비를 하고 있어야 합니다. 옷을 입으면 항상 메모장이 주머니에 들어 있어야 합니다.

　책상 위에 메모지와 볼펜을 두어 쉽게 메모할 수 있는 환경을 만들고 곳곳에 메모를 할 수 있는 환경을 만들어두어 언제 어디서나 메모를 할 수 있도록 해야 합니다.

　다음으로 메모를 하다보면 필요한 자료별로 정리가 되지 않으므로 후에 따로 정리하는 습관이 필요합니다. 코넬노트로 정보를 정리하면 좋은데 이것은 왼쪽에 3~4cm 너비를 두고 세로선이 그어진 노트입니다. 일명 대학노트인데 이는 네 가지 영역(제목, 필기, 키워드, 요약)으로 나누어집니다. 제목 영역에는 세미나 주제와 개최 일자를 메모하고, 필기 영역에는 서 중요하다고 판단되는 정보와 아이디어를 가능한 많이 읽기 쉽게 적습니다. 키워드 영역에는 필기 영역에 적은 내용을 집약하는 키워드를 넣고, 요약 영역에는 각 페이지의 필기 영역에 적은 노트 내용을 한 두 문장으로 요약해 정리합니다. 이렇게 정리를 하는 것이 귀찮을 수도 있겠지만 습관을 들이면 나중에 다시 보고 활용할 수 있습니다.

　메모는 적는 것도 중요하지만 적은 정보를 다음에 다시 확인하고 활용하는 데 의의가 있습니다. 메모를 하는 방법은 특별한 기술이 따로 있는 것이 아니라고 봅니다. 다만 생각나는 아이디어를 쓰고 반드시 이것을 어디에 어떤 용도로 쓰면 좋겠다고 생각했는지에 관한 것도 간단하게나마 메모를 하고 따로 정리를 해두는 것이 아닐까요? 별거 아닌 것 같은 메모습관이 성공습관을 가늠하는 중요한 경쟁력이라는 사실을 잊어서는 안 될 것 같습니다.

기업이 필요로 하는 화이트컬러의 변천사

한국 사람들의 직장인으로서 꿈은 '흰 와이셔츠 입고 넥타이 매고 책상 앞에서 펜대를 굴리는 것'이다. 이것이 소위 말하는 '화이트컬러' 계층이라고 불려진다. 대부분 사람들의 꿈이고 자식들의 희망직업인 화이트컬러도 시대의 흐름에 따라 인기가 달라지고 있다. 기업은 직원들을 고용하여 더 많은 이윤을 창출하는 것이 목표이다. 따라서 기업의 사업에 필요한 인력만을 고집할 수밖에 없고, 기업이 필요로 하는 인재는 시대의 흐름에 따라 변해왔다. 평생직장과 종신고용으로 대표되던 한국 기업의 인재정책이 경제난, 글로벌 경영 등 기업환경으로 인하여 변하고 있다.

한국 기업은 대규모 신입사원 채용을 하고, 이들을 교육시켜 순환보직 시킴으로써 기업의 모든 분야 업무를 이해할 수 있는 화이트컬러 계층을 양성시켜왔다. 이들은 주어진 업무만 열심히 하고 조직의 지침에 순응을 하는 관리위주의 업무를 주로 하였다. 하지만 IMF위기 이후 단기 성과달성을 강조하고 글로벌 경영을 부르짖음으로써 과거의 '순환보직'의 경험과 '관리능력'만 쌓아온 화이트컬러 인재들에게 위기가 닥쳐온 것이다. 시대 흐름에 따라 기업이 요청하는 화이트컬러를 살펴보자.

첫째 산업화 시대에는 자기 분야만 아는 'I형 인간'이 대우를 받았다. 기업의 인사, 회계, 마케팅, 연구개발, 생산 등 자신만의 전문적인 영역을 선택하여 오랜 기간 경험을 구축한 전문가들이 대접을 받았다. 이들은 누구보다 자신의 전문분야에 소속된 기업에 특화된 지식을 대부분 가지고 있다. 따라서 소속 기업을 떠난 경우에 다른 기업에 적용할 수 있는 범용적인 지식이 없어서 재취업이나 창업 등을 할 수 없다.

물론 과거에는 종신고용과 평생고용이 보장되었기에 아무런 문제가 되지 않았지만, 현재는 환경이 변하여 적응에 애로를 겪고 있다. 지금 기업에 근무하는 40~50대 중견 관리자들의 이에 해당된다. 또 IMF 이후 구조조정, 명퇴 등의 이유로 기업을 떠난 화이트컬러 대부분이 재취업이나 창업에서 좋은 결과를 얻지 못하고 있는 이유가 되기도 한다.

둘째 최근의 정보화 시대에는 자기분야에 대한 전문지식과 관련 분야의 지식을 가진 'T형 인간'이 존재가치가 높아졌다. 하나의 분야에 정통할 것과 더불어 연관분야에 대한 폭넓은 지식을 통해 다양한 상황에서 기업업무를 해결할 수 있는 능력을 요구하게 된 것이다. 예를 들어 연구소에 근무하는 연구원이라고 하여도 우수 인재를 영입하는 인사정책, 연구 프로젝트의 손익을 따질 수 있는 최소한의 회계지식, 시장과 소비자의 요구사항을 수집하고 반영하는 마케팅적 사고 등이 자신의 연구분야 전문지식 외에 필요하게 된 것이다. 이러한 능력을 구비하게 되면 팀 내, 팀 안의 정보의 흐름, 사외 정보 등을 적절하게 수집하여 활용할 수 있게 되는 것이다.

셋째 미래는 한 개 이상의 분야에 깊은 지식을 갖는 'A형 인간'이 대우를 받을 것이라고 한다. 이런 유형의 사람은 경계영역의 개척 등에 강점을 발휘할 수 있고 복수분야의 기능이 기업에서 동시에 없어지는 경우가 거의 없으므로 환경이나 시대의 변화에 관계없이 능력을 발휘할 수 있다.

　예를 들어 개발능력을 가진 연구원으로 마케팅에 전문지식을 추가로 가지고 있다면 제품개발이 완료되어 연구개발조직의 필요성이 줄어들더라도 기술마케팅업무를 수행할 수 있다. 특히 의약품, 첨단기술제품의 경우에 마케팅인력들이 제품과 기술에 대한 이해가 부족하여 판매나 계약에 실패하는 사례가 많으므로 좋은 활약을 할 수 있을 것이다. LG전자의 경우 제품개발을 담당한 연구원들이 자신들의 개발한 제품의 초기 마케팅과 판매를 담당하여 좋은 효과를 보고 있다.

　기업의 생존을 위한 글로벌 경쟁은 전쟁이나 마찬가지이므로 유능한 인력이 필요하게 된 것이다. 두 명의 각 분야 전문가를 고용하고 특정 업무를 처리하는 것보다 두 가지 부문의 전문지식을 가진 한 명이 더 효율적이고 비용효과적이다. 물론 하루아침에 이러한 능력을 가질 수는 없을 것이고, 학교에서 모두 배우기도 어려우므로 지속적인 학습노력이 필요하다.

　학교에서 배운 지식은 기업에서 임무를 수행하기 위한 초보적인 기능에 불과하고 실제 필요한 지식을 추가로 쌓아야 하고 이와 더불어 대인관계를 원활하게 할 수 있는 능력, 사물을 직관적으로 보고 문제를 발견하고 해결할 수 있는 능력이 필요하다. 업무수행에 필요한 지식을 추가로 쌓는 것도 조직 내외부의 정보의 수집과 활용에 해당되고 대인관계의 기초도 기본적인 인간적 태도 이외에 대상자에 대한 광범위한 정보가 필요하다. 결론적으로 기업이나 개인 모두 자신의 주변 정보를 활용하는 능력이 중요한 시대가 되었다.

17

메모장으로
외국어 배우기

많은 직장인들이 미래에 대해 불안해 하고 있다. 특히 IMF 이후 평생 직장의 개념이 없어졌다. 또한 외환위기 극복과정에서 외국자본의 유입으로 주요 경영진이 외국인으로 채워졌거나 외국과의 업무가 많이 늘어난 경우도 많다. 국내 토종기업들도 세계화나 글로벌경영이니 하면서 직원들에게 영어 등 외국어를 강요하고 있다. 영어성적이 되지 않으면 취직도 안 되고, 진급도 안 되고, 구조조정 대상에도 먼저 올라가는 세상이 된 것이다. 특히 직장 생활 10년이 넘은 중견 직장인들은 더욱 힘들다. 회사업무 처리하고 성과관리 하느라 매일 야근하다시피 하고 있는데, 언제 시간을 내서 외국어를 배우냐고 하소연한다. 그리고 요즘 들어오는 신입사원들은 해외연수도 다녀오

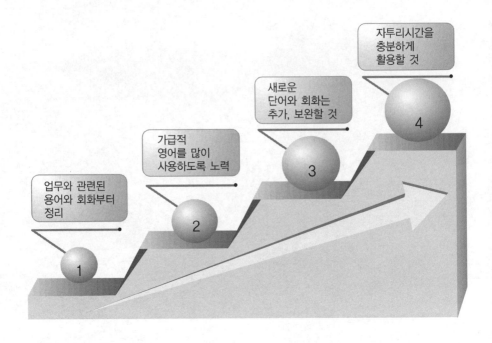

고, 어학점수도 높은데, 이러다 후배들에게도 치이는 것 아닌가 하고 걱정을 하게 된다.

하지만 너무 걱정만 하거나 하소연만 할 필요가 없다. 그런다고 문제가 저절로 해결되는 것은 아니기 때문이다. 먼저 자신의 업무에 필요한 단어나 회화부터 정리한다. 실제 업무에 필요한 단어는 많지 않다. 영업이나 마케팅은 영업과 마케팅 용어를, 인사나 회계 쪽은 관련 용어만 일단 메모한다. 외국어는 발음이 중요하므로, 발음기호와 발음법, 의미와 활용 예 정도를 정리한다. 단어장을 만든다고 부끄러워할 필요가 없다. 어차피 우리말도 아닌데 전문 용어나 관련 용어를 모두 기억하고 있을 수는 없다.

두 번째 할 일은 외국어를 가급적 많이 쓰려고 노력하여야 한다. '완벽하지 않은 문장을 입 밖에 내면 체면이 구겨진다'고 생각하거나 '외국어를 우아하게 구사하겠다'는 강박관념에 사로잡힐 필요가 없다. 외국어를 공부하면서 이런 고민을 하지 않는 사람도 없겠지만, 어차피 상대하는 외국인도 한국말을 전혀 하지 못하거나 서툴다. 업무적으로 외국인과 만나서 무슨 문학적이거나 철학적인 대화를 할 경우는 별로 없다. 일단 비지니스를 하기 위해서 자신의 생각과 상대방의 조건을 이해만 하면 된다.

세 번째, 단어 메모장을 항상 가지고 다니면서 보고, 새로운 용어나 회화는 계속 추가·보완한다. 용어와 간단한 회화가 메모된 메모장을 들고 다니면서 매일 매일 몇 개씩 외우면 얼마 되지 않아 업무소통에 지장이 없을 것이다.

마지막으로 외국어를 반드시 학원에 가서 배워야 된다는 생각을 버려라. 출근할 때, 화장실에서, 퇴근할 때, 점심시간에, 취침 전 등 자투리 시간을 잘 활용하면 된다. 공부할 시간이 없다고 불평할 필요도 없다. 대부분의 직장인들은 남는 시간에 신문을 통째로 외우거나, 인터넷에 들어가서 똑 같은 뉴스를 계속 반복하여 보면서 때우는 것이 현실이다.

사실 무엇보다 중요한 것은 외국어에 대한 두려움을 없애고 자신도 할 수 있다는 자신감을 가지는 것이다. 마음을 정리하고, 메모장을 사서 한 단어씩 정리를 하면 된다. 물론 하루 이틀 하다가 중단하면 안 되고 끊임없이 해야 하는 것도 중요하다. 늘 필요성을 심각하게 느끼고 있었는데 이런 저런 핑계로 차일피일 미루어 왔던 일을 이번 기회에 시작하는 것이다.

직장생활을 하는 사람치고 영어나 외국어 공부하려고 학원 새벽반에 등록 한 번 안 해본 사람은 없을 것이다. 큰마음 먹고 시작했는데 오늘은 피곤해서, 어제 야근을 해서 등등의 이유로 한두 번 빠지다 보면 가기가 싫어진다. 그리고 '이거 안 한다고 회사에서 당장 나가라는

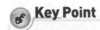
것도 굶어 죽는 것도 아닌데.' 라는 생각을 하기도 하고, '우리나라에서 내가 한국말만 잘하면 되지 무슨 외국어가 필요해.'라고 자위하기도 한다. 일견 맞는 말이다. 대부분의 회사에서 업무를 하면서 외국어가 필요한 사람은 많지 않다. 운 좋게 외국생활을 해서, 혹은 언어재능이 특출해서 쉽게 배운 사람도 있겠지만 보통사람에게는 참으로 이루기 힘든 끈기와 집중도가 필요하다. 그래서 대부분의 조직에서 외국어 실력 그 자체보다 그런 정신력을 높이 사는 것 같다.

이 참에 영어공부 시작해 봐?

Activity

어느 외국인 기업에 관리직으로 근무하고 있는 수강생이 제출한 리포트이다.

남들은 외투(외국인 투자)기업에 다니면 영어는 기본적으로 잘 한다고 생각한다. 하지만 그 속을 어떻게 보여주겠는가? 업

무상 필요한데도 제대로 영어 공부를 하지 못하고 있다. 영어에 대한 거부감 또는 두려움이 있기 때문에 더욱 공부하는 것이 쉽지 않은 것 같다. 집이나 회사의 책꽂이에 영어공부를 하려고 무수히 많은 책을 구입했지만, 현재 장식용이 되어버린 책이 더 많다. 영어공부를 큰마음 먹고 시작하였지만, 작심삼일로 끝난 경우도 많고, 조금 하다가 이런저런 핑계로 하지 못한 경우도 많다.

늘 업무와 연관이 있음에도 불구하고 영어공부는 잘 되지 않는다. 강의 내용의 '메모의 달인'의 조언처럼 영어공부를 시작해보고자 한다. 거창한 계획이 아닌 메모를 기초로 업무와 연관된 단어장을 만들어볼 예정이다. 계획을 너무 거창하게 세우다보면 제품에 지쳐 어느새 영어와는 담을 쌓는 생활을 하고 있음을 발견하게 된다.

우선 정리한 단어장의 경우에는 회사에서 주로 필요할 것으로 생각되어 회사 책상에 두고 메모를 하면서 사용할 생각이다. 그리고 조금 더 영어에 관심을 가지고 흥미를 느끼게 되면 메모장처럼 언제나 휴대하여 자투리 시간이나 생각날 때 언제든지 볼 수 있고 메모할 수 있도록 할 것이다.

이 리포트를 작성하면서 계획이지만 마음이 너무도 뿌듯하다. 뭔가 큰 선물을 받은 것 같기도 하고 계획만으로도 변화된 나의 모습을 상상할 수 있어서 좋다. 공부할 시간이 많지 않아 휴일에 어린 아기가 옆에 있어 잘 듣지 못한 부분이나, 늦은 밤이나 새벽시간에 꾸벅꾸벅 졸아 잘 듣지 못한 부분에 대해서는 다시 한 번 학습을 해서 제대로 된 메모의 습관을 가지고 싶다. 서서히 변화되어 가는 나의 모습을 생각하니 행복한 것 같다.

새정부 정권인수위의
영어교육논란을 보면서

2008년 들어 정권 인수

위원회라는 곳에서 영어교육에 대해서 이런 저런 이야기를 내놓고 있다. 국제화 시대에 영어교육이 중요하고 필요하다는 데에 반대를 하는 국민은 없을 것이다.

하지만 '어떻게 하겠다.'는 방법에 대해서는 이론의 여지가 많은 것이다. 지난 수십 년간 우리 사회에서 가장 낙후된 분야 중의 하나가 교육이다. 공교육의 붕괴와 불신은 사교육의 비정상적인 열풍을 낳았고, 사교육시장이 공교육에 비해 기형적으로 비대해졌다. 당연하게 근본적인 원인을 제공한 것은 교육부이고, 교육부는 그동안 원칙도 없는 교육정책을 내놓고 수시로 바꾸었으며 결과적으로 국민들로부터 불신을 초래하였다. 교육을 '백년지대계'라고 가르치고 부르짖었지만, 정권이 바뀔 때마다, 장관이 바뀔 때마다 '조변석개'함으로써 우스운 꼴이 되어버렸다. 이러한 잘못을 새로운 정부에서도 되풀이될 모양이다.

인수위가 주장하는 영어교육의 방법에 현실성이 거의 보이지 않는다. 과연 이들이 우리 교육계의 현실이나 학생들의 수준, 특히 교사들의 수준을 이해하고 있는지 의심스럽다. 예를 들어 '몰입교육'을 한번 보자. 학교에서 수업을 전부 영어로 한다고 하는데 가능한 일인가? 대한민국에 영어로 수업을 진행할 수 있는 선생님들이 과연 몇 명이나 될까? 또한 영어로 진행하는 수업을 이해하고 따라갈 학생이 몇 명이나 될까?

영어교육이 낙후된 것은 대입시험 유형 등의 문제점도 있지만 근본적으로는 영어를 가르치는 교사들의 실력이 부족하다. 수십 년 전에 배운 영어 문법이나 독해 실력으로 학생들을 가르치고, 영어 듣기와 말하기가 거의 불가능한 교사가 다수다. 먼저 교사들의 실력을 키우고 나서 학생들에게 영어를 글로벌 수준으로 가르치라고 해도 늦지 않다.

다음으로 학생들이 영어로 수업을 받기 위해서는 기본적인 영어능력이 필수적인데, 이를 어떻게 키울 것인지 고민해야 한다. 형편이 괜찮은 학생들은 학원에서 과외를 받거나, 그보다 여유가 있는 학생들은 외국으로 어학연수를 다녀오는 방법으로 해결하겠지만 그렇게 하지 못하는 대부분의 학생들은 어떻게 할 것인가? 그냥 학교에 가서 하루 1~2시간씩 수업을 받으면 충분하게 따라갈 수 있고, 영어를 잘 하게 된다고 거짓말을 할 것인가?

대부분의 학교에서는 학생들을 가르치는 것이 아니라 '인성교육'을 한다고 한다. 수업은 학원에서 하고, 학교에서는 예절이나 인간관계 등을 가르치고, 시험으로 학습평가만 한다고 한다. 무슨 뚱딴지같은 소리냐고 하는 사람도 있겠지만, 학교에 다니는 학생을 둔 학부모에게 물어보거나, 학생들에게 물어보면 사실임을 알게 될 것이다. 우스운 소리가 아닌가? 학교에서 수업을 가르쳐야 하는데 학원에 가서 배우고 오라고 하니 기가 찰 노릇이다.

이런 현상이 일부 학교에서 일어나는 일이고, 일부 교사들의 경우라고 항변하는 교육자와 교사들도 있겠고, 교육일선에 묵

묵히 노력하는 수많은 교사들을 모욕하는 것이라고 목소리를 높이는 교육자도 있을 것이다. 정말 그럴까? 이번 정권에서 사교육 시장은 더욱 커지고, 공교육은 부실화될 것이라고 예상하고, 사설학원들은 시설을 늘리고 선생을 확보한다고 난리라고 한다. 인수위에서는 사교육이 필요 없는 학교를 만들고 공교육을 활성화시키겠다고 하지만 이를 곧이곧대로 믿는 사람들은 별로 없다. 이른바 '학습효과'라는 것이다.

여러 정권에서 공교육을 살린다고 하였지만 오히려 사교육 시장만 키워왔다는 결과 때문에 정부가 '콩으로 메주를 쑨다.'고 하여도 아무도 믿지 않는 현실이 되어버린 것이다. 정말 큰일이 아닐 수 없다. 사회가 활력이 있고 창의성이 있으려면 사회 구성원의 교육기회가 평등해야 한다. 모두가 노력하면 성공할 수 있고, 돈이 없어도 의지와 실력만 있다면 충분한 교육을 받을 수 있어야 한다.

하지만 어느 때부터 대한민국에는 돈이 없으면 교육을 받지 못하고, 수업은 사설학원에서 하는 세상이 되었다. 소외계층에 혜택을 줄 수 있도록 공교육을 살린다고 내놓은 수많은 정책들은 오히려 이들이 평등한 교육을 받을 수 있는 기회를 박탈하였다는 평가를 받고 있다.

코미디 같은 인수위의 영어정책 중 '백미'를 꼽으라고 한다면, 영어를 잘하면 군대에 가지 않고 대신 영어교사로 근무하게 한다는 발상이다. 정말 누구의 머리에서 나온 발상인지 몰라도 유치하기 그지없다. 국내에서 혼자서 공부해서 영어를 잘 하기란 어렵고 특별한 경우가 아니면 사교육을 많이 받거나 외국에

나가서 공부하여야 한다. 결국 여유가 있는 특수계층에게 군대에 가지 않고 사회에서 교사로서 병역을 대신하는 특혜를 주겠다는 말이다.

국민의 4대 의무 중에 가장 신성시되어야 하는 것으로 납세의 의무가 첫째이고, 둘째가 국방의 의무이다. 이러한 신성한 의무를 특정 계층에게는 면제해준다는 것은 아무런 명분도 없다. 현재 우리 지도층 인사들 중에서 납세와 병역의 의무를 성실히, 충실히 이행하였다고 자신할 수 있는 사람이 몇 퍼센트나 되나?

인수위원뿐만 아니라 우리 사회의 지도자층이 알아야 할 것이 있다. 사회 지도자들이 국민의 신성한 의무를 게을리 하거나 회피하려고 하는 국가가 부강한 적도 없고, 이러한 지도층을 존경한 국민도 없었다는 사실이다. 또 국민 없는 국가란 존재할수 없다. 우리 사회의 부자나 권력자, 정치인 들이 국민으로부터 존경을 받지 못하고 있는 것은 솔선해서 져야 할 신성한 의무를 태만하였거나 기피하였기 때문이다. 유럽의 귀족들과 왕족들이 국민들에게 존경을 받는 것은, 이들이 실천하는 '노블리스 오블리제' 때문이라는 것은 다시 한 번 더 새겨보기 바란다.

18

메모장으로
업무능력 키우기

       조직생활을 하게 되면 응당 주어진 임무가 있게 된다. 처음 조직생활을 하게 되면, 일정 기간을 정해두고, OJT(On the Job Training)라고 하면서 일을 가르쳐 준다. 이런 시간과 노력이 조직의 입장에서는 비용이 되는 것이다. 최근 많은 기업들은 이런 비용이 들어가는 신입사원을 채용하지 않고, 경력직만 채용한다고 한다. 학교를 졸업한 사람이나 새로운 업무에 도전을 하고자 하는 사람에게는 취업의 기회가 점점 사라지게 된다. 그렇다고 자본주의 사회에서 영리를 추구하는 기업들에게 무조건 그렇게 하지 말라고 할 수도 없다. 조직생활을 하고 있는 사람의 입장에서도 이런 현실이 답답하기는 마찬가지일 것이다.

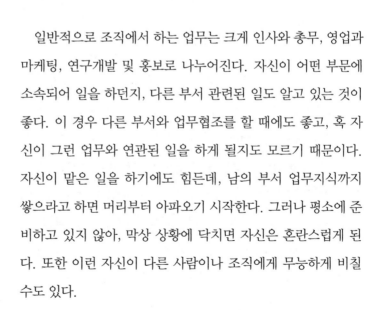

　　일반적으로 조직에서 하는 업무는 크게 인사와 총무, 영업과
마케팅, 연구개발 및 홍보로 나누어진다. 자신이 어떤 부문에
소속되어 일을 하던지, 다른 부서 관련된 일도 알고 있는 것이
좋다. 이 경우 다른 부서와 업무협조를 할 때에도 좋고, 혹 자
신이 그런 업무와 연관된 일을 하게 될지도 모르기 때문이다.
자신이 맡은 일을 하기에도 힘든데, 남의 부서 업무지식까지
쌓으라고 하면 머리부터 아파오기 시작한다. 그러나 평소에 준
비하고 있지 않아, 막상 상황에 닥치면 자신은 혼란스럽게 된
다. 또한 이런 자신이 다른 사람이나 조직에게 무능하게 비칠
수도 있다.

조직에서
업무능력 배양하기

제일 먼저 할 일은 자신의 임무를 잘 메모하여 관리하여야 한다. 자신이 하는 업무의 성격, 일일업무, 주간업무, 월간업무, 분기업무, 연간업무, 업무처리 절차, 업무에 영향을 미치는 요소, 의사결정 과정 등에 관련한 내용을 상세하게 메모장에 꼼꼼히 적는다. 물론 하루아침에 모두 다 정리할 수는 없다. 평소에 업무를 처리하면서 하나씩 적어나가는 것이다. 그리고 이런 요령으로 다른 사람의 업무나 성격이 다른 업무를 파악해 나가는 것이다. 물론 어느 정도는 가능하겠지만, 혼자서 다른 사람의 업무를 파악하기는 어렵다. 일단 다른 사람의 업무를 이해하려는 자세가 필요하다. 그리고 나서는 인간적으로 친하게 지내야 한다. 평소에 주변을 관찰하면서 적은 메모를 활용하는 것이다.

인사팀 김부장은 삼겹살에 소주를 좋아하고, 재경팀의 이부장은 통닭에 생맥주를 좋아하고, 고향은 어디고, 출신학교는 어디인지, 가족관계는 어떠한지를 파악해서 대비하는 것이다. 인간적으로 친해지면서 업무를 하나씩 배워나가는 것이다. '우문우답, 현문현답'이라고 무조건 가르쳐달라고 하지 말고, 사전에 공부를 하여서 좋은 질문을 하면서 하나씩 배워나가야 한다. 당연히 일과 후에 하여야 하므로, 퇴근을 일찍 하지 못하게 된다. 이런 방식으로 다른 업무도 파악하고, 인간관계도 돈독하게 하면 조직생활도 쉬울 것이다.

마지막으로 조직외부의 선생님을 찾아나서는 것이다. 경리나 세무관련 업무를 가르쳐주는 학원도 있으며, 다른 업종의 선배나 후배를 찾아다니면서 이것저것 물어보면 된다. 당연히 식사도 대접하고, 술도 사야 해서 돈과 시간이 들겠지만 이렇게 업무를 파악하고, 업계 정보를 많이 알고 있으면 자신의 업무처리에도 좋고, 인간관계 형성에도 많은 도움이 된다. 사람들은 누구나 다른 사람에게 자신이 알고 있는 지식과 경험을 말하고 싶어 하고, 누군가가 와서 자신을 사부로 모시고 열심히 배우려고 하면 기분이 좋아진다. '만인이 스승이다'라고 하듯이 누구에게나 배울 것은 있게 마련이다. 마음을 열고 겸손하게 다른 사람의 업무를 배우는 것이다.

경력직들의 업무능력 배양

경력직으로 새 직장을 들어갔거나 다니던 직장에서 새로운 일을 맡게 되면 업무를 수행하기 위한 지식이 필요하게 된다. 처음에는 주위의 동료나 선후배가 업무를 가르쳐 주기도 하지만, 한번에 전부 배우기가 쉽지는 않다. 경력직으로 직장을 옮긴 경우 이미 자신이 맡은 업무에 경험이 있다고 인정되기 때문에 다른 사람에게 매번 부탁할 수 있는 상황이 안 된다. 이런 경우 그동안 자신이 축적한 업무 지식과 메모장을 활용하여야 한다. 조직에서 가르쳐줄 수 없는 일이라면 평소에 쌓은 인맥을 활용하여 멘토를 찾아나서야 하며, 필요한 경우 학원에라도 다녀야 한다.

요즘처럼 경력사원의 전직이 활성화되어 있고, 업무의 변화도 심한 시기에는 조직생활을 하는데 다양한 업무능력이 필요하다. 업무인수인계를 잘 받고도 업무수행에 필요한 지식을 조직 내에서 얻을 수 없다면 외부의 누구에게서 학습할 것인지를 파악하여야 한다.

물론 새로운 조직에서 다른 조직원의 업무와 조화를 이루는 일도 중요하다. 업무라는 것이 자기 혼자만 하는 것이 아니고 여러 사람이 관련되어 있는 경우가 대부분이기 때문이다. 또한 인수인계를 받으면서 철저하게 메모를 하고, 이해를 하지 못하는 부문은 확실하게 질문을 하여 처리방법 등을 정리해야 한다. 대부분 인수인계를 받을 때는 다 안다고 하면서 묻지 않고 있다가 나중에 다시 묻는 경우가 많다. 인계자가 퇴사를 하였거나 지방으로 전근을 간 경우에는 골치 아픈 일이 생기기도 한다.

첨언을 하자면 직장인들이 범하는 오류 중에 하나가 직장과 업무가 전부라고 생각하는 것이다. 업무는 당연히 중요하다. 그렇지만 이렇게 직장생활 20~30년 하고 나면 남는 것은 아무것도 없다. 퇴직금과 경력은 남겠지만, 그런 것들이 실제 퇴직 후의 사회생활에 크게 도움이 되지 않는다.

그런데 업무와 관계없어도 도움이 될 만한 것들에 관심을 가지고 평소부터 꾸준하게 정리하고 학습한다면 직장생활

Key Point

메모활용으로 업무지식 쌓기
- 본인의 업무는 메뉴얼화하여 정리할 것
- 조직내부의 다른 직원이나 부서 업무 파악하여 메모할 것
- 조직 외부의 인맥 등을 활용하여 업무를 파악할 것
- 학원이나 사이버교육 등을 활용하여 부족한 부분 보완할 것

뿐만 아니라, 일반 사회생활에도 많은 도움이 되리라고 생각한다. 평생직업이라는 말이 평생직장이라는 말보다 더 가슴에 와 닿는 세상에서는 다양한 업무능력이 필수적이다.

요즘 중년 퇴직자들의 재취업이 심각한 사회문제화 되고 있는데, 사실 대부분 특별하게 새로운 조직에서 필요한 업무능력이나 지식을 가지고 있지 않다. 어느 퇴직자는 자신이 주로 담당했던 인사, 총무 등 관리 쪽 일은 이력서나 면접에서 특기로 내세우기엔 너무 평범한 업무라는 것을 깨달았다고 말한다. 자신이 조직생활을 할 때는 그런 생각을 해 본적이 없었을 것이다. 이런 이야기들을 들으면, "인간들이 똑똑한 척 하지만, 막상 경험하지 못한 일들에 대해서는 믿지 못할 정도로 어리석다"라는 생각이 든다.

Plus one

30대의 중요성
20대는 미래의 삶을 준비하는 공부를 한다. 30대는 학습한 지식을 현실에 적용하여 보는 시기이다. 30대에 현실과 이론의 차이(gap)를 이해하지 못하거나 차이를 메우지 못하면 40대 이후의 삶은 고단해진다.

업무인수인계를 위한 메모내용

한 수강생은 자신이 맡은 업무를 후임자에게 인수인계할 때와 자신이 새로운 업무를 챙길 때를 대비한 업무인수인계 목록을 정리하여 리포트로 제출하였다.

*업무인수인계 목록

1. 현장 관련

1) 관리 현장에 대한 정보(현장 위치, 시험 방법 등)

2) 현장 시험실장님에 대한 상세한 기록(성격 및 취미 등)

3) 현장별 나가야 할 서류(재료계량, 프린터, 염분지, 입도 등)

4) 신규 현장에 대한 준비서류(공급원승인신청서, 회사소개서)

2. 인계 대상자와 업무 현황

1) 인계 대상자의 성향 및 업무 이해도 파악

2) 현재 완료 및 종결 업무

→ 리스트화하여 정리, 보관 위치 목록 전달

3) 진행업무

① 진행 업무 프로젝트의 개요 설명(간략 내용 포함)

② 진행 업무의 플로 차트 마련(기안 → 진행 → 보고)

③ 필요에 따라 정보(첩보)자료를 다운그레이드시켜 전달

4) 내 연락처를 적어 필요 시 연락할 수 있도록 함

3. 내부 업무 관련

1) 품질서류작성 현황 및 방법(일일 작성일지, 주간작성일지, 월

작성일지)

  2) 연구소 발송서류(생산량, 업무보고)

  3) 원자재 납품업체 현황 및 자재 상태 등

  4) 감사 관련 서류준비.

  5) 시험장비 보유현황 및 상태(정비 및 구입업체)

  6) 제조설비 보유현황 및 상태(공정팀 협의)

  7) 인근회사 시험실 직원 연락처

  8) 현 시험실 직원 성격 및 취미

  9) 현재 클레임 걸린 현장상황

4. 새로운 업무 파악

  1) 내가 맡아서 해야 할 서류 목록 작성(작성주기)

  2) 서류보관 방법 발송해야 할 서류

  3) 협의해야 할 부서 연락처

  4) 협력업체 연락처(직원 성격 및 취미 등)

  5) 같이 일하게 된 부서 직원 성격 및 취미 파악

  6) 현재 진행중인 신규 현장 파악

  7) 내가 맡게 될 현장 파악(담당자 성격 및 취미, 위치 등)

Activity 2

새로운 업무를 파악하는
7가지 방법

어느 중소기업에 다니는 수강생은 업무 파악하는 방법 7가지를 정리하여 제출하였다.

새로운 업무를 파악하는 방법은 여러 가지가 있다. 전임자, 주변 동료, 상사의 설명에 의해서 회의 참석 및 세미나 등을 통해서도 가능하다. 이럴 때 다음과 같은 메모방법으로 업무를 빨리 파악하고 효율성을 높일 수 있다.

1. 회의 시에는 큰 종이에 참가자 수만큼 칸을 그어서 참가자별로 한 이야기를 정리한다. 이때 참가자들이 했던 이야기를 모두 기록하는 방식이 아니라 메모하는 당사자가 알 수 있는 이니셜이나 기호를 사용하여 핵심 키워드를 정리해서 기록한다. 이후에 누가 어떤 의견을 표명했는지를 알 수 있고, 회의 내용을 쉽게 파악할 수 있다.

2. 협상 시에는 참가자 이니셜을 쓰고, 핵심을 적는다. 만약 협상 시 메모를 하기 어려운 상황이라면 중요사항을 암기하여, 협상 후에 바로 메모한다.

3. 관련 업무에 관한 세미나를 참석했을 시에는 무엇을 위한 것인지, 주제, 목적, 일시, 만난 사람, 주요 참가자, 강의자, 업무와 직접적으로 연결해서 활용할 만한 내용 등을 메모한다. 메모는 주최 측이 제공한 자료에 직접 기록한다. 강의 내용에 대해 왼쪽은 발표 내용, 오른쪽은 개인적 생각을 기록한다.

4. 상사로부터 업무를 지시받는 경우 지시 내용, 상황, 의문점 등을 함께 기록한다. 여기서 중요한 점은 지시하는 그 순간 상사 앞에서 바로 받아 적어서 지시 내용의 혼선이 발생할 수 있는 상황을 막고, 상사가 이후에 내용을 번복하는 상황을 대비하여 증거자료로 남겨 놓는다.

5. 보고나 업무 절차를 기록하기 위한 문서 작성 시 전달하고자 하는 내용을 빠짐없이 적는다. 참고문헌, 관련자들의 직위와 프로필, 전하고 싶은 내용 등을 상세히 기록한다. 문서를 작성할 때는 견본문서를 인용하고, 상대방이 읽을 때 궁금해할 부분을 미리 파악하여 그 부분을 보완하고, 상대방의 입장에서 보고서를 받았을 때 미진한 부분이 없는지를 파악한다. 보고서가 완성된 후에는 소리 내어 읽기를 통해 의미전달이 모호한 문장이나 오·탈자가 없는지 파악하여 최종 수정을 거친다.

6. 회사 업무와 관련된 언론기사를 정리하면 추후 업계의 트렌드나 사회적인 변화를 빠르게 감지할 수 있다. 신문 스크랩은 주제별로 파일을 분류해 놓는다. 신문 스크랩은 크기가 일정한 종이에 붙여서 모아놓는 것이 좋고, 신문 내용에 대한 소감을 함께 기록해 놓는다.

7. 새로운 업무를 맡으면 업무 파악을 하느라 정신이 없고, 힘들기도 하지만 새로운 시각에서 업무를 볼 수 있는 기회가 되기도 한다. 업무에 관해서 활용가능한 아이디어들이 떠오를 때 그 순간 메모하는 것이 중요하다. 메모지가 있으면 바로 메모지에 기록을 하고, 없다면 휴대전화의 음성메모나 녹음기 등을 활용한다. 만약 이 두 가지도 이용할 수 없는 상황이라면 일반전화에서 본인의 휴대전화로 전화를 걸어서 떠오르는 아이디어를 녹음해 놓는 것도 좋다.

샐러리맨의 인생 2막 준비

'벌거숭이 샐러리 맨의 인생 1막과 2막'이라는 글을 쓰고 나서 많은 이야기를 듣게 되었다. 퇴직을 하였거나 연세가 드신 분들은 공감을 하고, 아직 젊은 사람들은 너무 부정적으로만 보는 것은 아닌가 하는 생각을 하는 것 같았다. 공감을 하든 하지 않든 누구나 나이는 들게 마련이고, 소위 말하는 정년이 되면 조직을 떠나야 한다. 인생의 많은 시간을 보낸 동료와 후배, 환경을 뒤로 하고 새로운 인생을 살아야 한다. 물론 몸 담았던 조직의 퇴직자 모임을 통해서 과거의 직위와 인간관계를 유지하는 경우도 많겠지만, 모든 사람이 이러한 조직을 선호하는 것은 아니다. 조직에서 성공하였다고 하여 성공한 인생을 살았다고 할 수없는 경우도 있고, 행복한 인생 2막을 보장해주는 것도 아니다.

누구나 조직을 떠나게 되면 그동안 자신을 보호하여 주던 옷을 벗어야 한다는 불안감을 느끼게 될 것이다. 조직의 보호를 받으면서 조금 풍요롭게 보낸 인생 1막에서 2막을 잘 준비하면 새로운 2막 인생도 행복할 수 있으리라 생각한다. 생각대로 되기 위해서 3가지 준비사항이 필요하다.

첫째 다양한 인간관계를 맺어야 한다. 일반적으로 업무와 관련되거나 직장 동료, 선배, 후배, 고향이나 학교의 선배, 후배가 전부인 경우가 많다. 물론 이러한 사람들이 술 마시고, 이야기하기에 편한 것은 사실이다. 서로 관심사도 비슷할 것이고 서로의 처지도 잘 알기 때문에 듣기 싫은 이야기를 무례하게 하지도 않기 때문이다. 하지만 동네 이웃도 만나고, 동네 술집 주인과도 친하게 지내고 산행하다 만난 사람과도 친하게 지내는 것이 좋다. 또한 어떤 사람은 자기보다 못 나거나 아랫사람만 만나면서 대접받기를 좋아하고, 어떤 사람은 자신보다 나이가 들거나 잘 난 사람만 만나면서 이득을 얻으려고 하기도 한다. 두 부류 모두 잘못이다. 잘 난 사람을 만나면서 배우기도 하고 못 난 사람을 만나면서 배우는 것도 있다.

둘째는 다양한 지식을 쌓아야 한다. 조직의 업무라는 것이 엄청나게 어렵거나 복잡한 경우보다는 단순 반복적이거나 시간을 소요하는 경우가 대부분이다. 물론 창의적인 업무에 종사하는 사람의 경우에는 다르다고 할 수 있다. 하지만 평생 동안 창의적이지 않는 한, 일정시간이 지나면 반복적이고 단순화하게 된다. 따라서 수십 년 조직생활에서 유능하다고 이야기 듣던 사람도 퇴직 후에는 아는 것이 별로 없는 상태가 된다. 당연하게 1막에서 배운 지식이 2막에서 전혀 쓸모가 없는 경우도 많다. 때문에 평소에 다양한 분야의 지식을 쌓는 것이 필요하다. 높은 직위에 있던 사람이 은퇴해서 동사무소에 가서 주민등록등본조차 떼지 못하고, 은행에 가서 예금인출도 못한다는 소리를 듣게 되면 그 사람은 이미 사회의 무능력자인 것이다.

셋째, 취미활동을 다양하게 하여야 한다. 인생 1막에서는 일하고 술 마시는 것이 취미활동인 경우도 많지만, 인생 2막에서는 할 일도 별로 없고, 매일 술 마실 친구도 구하기 쉽지 않다. 또 돈이 많이 드는 취미활동이나 근력이 많이 소모되는 취미활동도 나이가 들면 부담스럽다. TV 개그 프로에서 '혼자 놀기'라는 것이 있었는데, 혼자서도 시간 잘 보내고, 재미있게 노는 취미가 있는 것도 나쁘지는 않다고 본다.

넷째, 취미활동을 하면서 건강관리를 하여야 한다. 결국 모두가 건강하고 행복하게 오래 사는 것이 인생의 최대 목표일 것이다. 자기가 재미있어 하는 취미활동이 건강관리까지 된다면 얼마나 좋겠는가. 업무에 혹사되어 건강관리를 하지 못하면 나이가 들면 몸 구석구석 안 아픈 곳이 없게 된다. 건강이 좋지 않아 치열하고 정신없이 살던 인생 1막과 별반 다를 게 없는 인생 2막을 사는 사람도 많다.

물론 인생 2막에 대해 지나치게 두려워할 필요는 없다. 젊었을 때, 조금 더 신경 써서 준비한다면 어려울 것도 없다. 새로운 직업을 가져야 하는 것도, 새로운 친구를 사귀는 것도, 새로운 취미활동을 시작하는 것도 기대될 것이다. 인생 2막에서 성공하고 행복한 것이 인생 전체에서 행복하고 성공한 것이 될 것이다. 인생 1막이 전부가 아니다. 현재 조직생활이 어렵다고, 실패하였다고 좌절할 필요가 없다. 아직 죽지 않았다면 누구라도 살아갈 날이 남아있기 때문이다.

19

메모습관으로
감동 전하기

　　　　　메모는 왜 하는 것일까? 누군가 잊어버리기 위해 메모를 한다고 했다. 그동안 남는 머리는 좀 더 창의적인 사고를 하는데 활용하는 것이 경제적이란 말이다. 목적이야 어떠하던 간에, 중요한 내용이나 단순한 내용이라도 나중에 활용하기 위해서 메모를 하는 것이다. 따라서 메모를 잘 하여도 활용하지 않으면 아무 의미가 없다. 메모습관을 들이기는 어렵지만, 습관화되면 좋은 일이 많이 생긴다. 사소한 약속이라도 잘 메모하였다가 처리하여 주면 일단 주위 사람들에게 인정받을 수 있다.

사람을 만날 때
메모하여야 하는 것

사람을 만나기 전이나 만나고 나서 기억하거나 챙겨야 하는 것이 그 사람에 대한 중요 프로파일이다. 예를 들어 이름, 생년월일, 전화번호, 주소, 고향, 출신학교, 가족관계 등의 정보를 알고 기억해야 한다. 처음 만났을 때 다 알려주었는데, 다시 만날 때마다 물어본다면 실례가 되는 것이다. 그리고 이런 것을 기억하거나 메모하여 관리하면 다른 사람에게 더 나은 서비스를 해줄 수 있다.

예를 들어 여자 친구와 만난 지 100일이라든지, 여자 친구의 생일, 가족들의 생일이나 중요 행사 등을 기억하고 있다가 관심을 보여 주면 매우 좋아한다. 사람의 이름과 관심사를 기억하고, 관심을 표명하는 것은 아주 초보적인 대인관계의 조건이다.

그러나 만날 때마다 이름조차 제대로 기억하지 못해서 다시 묻는 사람들도 있다. 정말 매너가 빵점인 경우다.

일반적인 개인간의 일들은 그래도 나은 편이다. 상대방을 아주 좋아하지 않든지, 특별한 인간관계가 없다면 다시 보지 않으면 되기 때문이다. 비지니스적으로 만난 사람이라면 이 문제는 사업의 승패와 연관된다. 업무상 만나서 명함교환도 하고, 업무협의도 잘하였는데, 다음번에 만나서 이름조차 헷갈려 하는 사람도 많다. 물론 여러 명을 한꺼번에 만나서 일어나는 실수라고 하지만, 상대방은 매우 기분이 나쁘게 되는 것이다. 중요 고객의 이름조차 기억하지 못하는 사람하고 무슨 비지니스를 한단 말인가? 이런 실수를 저지르지 않으려면, 명함을 받거나 소개를 받을 때 별도로 메모를 하는 것이 좋다. 그리고 명함을 교환한 후 상세 소개를 할 때, 명함을 사람 앉은 순서대로 하면 아무래도 헷갈리지 않고, 얼굴과 일치시키기 좋다. 그리고 핵심적인 내용은 수첩에 별도로 메모를 하여 반드시 기억하도록 한다.

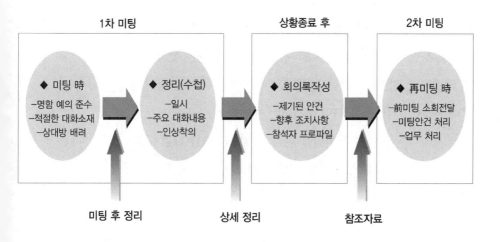

다시 만날 때의 메모
활용요령

이런 기초적인 프로파일 메모를 바탕으로 사람을 다시 만날 때의 상황을 생각해 보자. 예를 들어 한번 소개 받은 이성과 다시 만나자고 연락이 와서 나가는 경우다. 먼저 이 사람에 대한 메모를 찾아내어 면밀히 검토한다. 만난 일자, 장소, 개인 신상, 즉 이름, 나이, 전화번호, 가족관계, 좋아하는 음식, 싫어하는 음식, 좋아하는 취미, 소개를 해준 사람, 지난 번에 나눈 대화 내용 등 상세하게 알아야 한다. 지난 번 만남에서 다음 번 만날 때 무슨 선물을 사다 준다고 하였거나, 자신의 소장품을 준다고 하였거나, 무슨 음식을 좋아한다고 하여서 다음 번 만나면 그 음식점에 가자고 하였거나 하는 것 등이다.

미팅에 나갔는데 상대방이 자신에 대해 모든 것을 잘 기억하고 있으며, 세심하게 배려를 하여 준다면 감동받지 않을 사람이 누가 있겠는가? 설령 상대방이 조금 자신의 기호에 맞지 않거나 기대 이하의 용모와 학벌을 가지고 있다고 하여도 호감을 가지게 될 것이다. 이런 것이 비지니스 세계에서도 통한다. 비지니스도 사람이 하는 것이다. 특히 동양인, 한국인들은 합리적이고 객관적인 판단보다는 주관적이고 감정에 흔들리는 경향이 크다. 물론 비지니스를 하면서 자신이 판매하는 상품이나 서비스가 품질이 뛰어나서 경쟁력을 가지고 있다면 더할 나위가 없을 것이겠지만, 그렇지 않다고 한탄만 하고 있을 수만은 없지 않은가?

Key Point

메모습관으로 감동 전하기
- 첫 만남에서 얻은 개인정보를 자세히 메모할 것
- 미팅 후 중요 대화내용이나 인상착의 메모할 것
- 다음 만남 준비할 때 기존 메모를 충분히 검토할 것
- 상대방을 배려하여 서비스할 방법을 가지고 만날 것

상대방에 대해 적은 메모로 상대방을 감동시킬 방법을 먼저 찾아라. 자신을 드러내고 자랑하려고 노력하지 말고, 상대방을 먼저 생각하고 존중해주는 것이 서비스와 인간관계의 기본이다. 상대가 만족하고 감동을 받게 된다면, 까짓 거 구입하는 제품의 질이 조금 떨어지면 어떻겠는가? 애인이 조금 못생기고 학벌이 낮다는 게 크게 흠이 되겠는가? 평생 얼굴만 보고, 학교 졸업장만 보고 살 것인가? 자신을 배려하여 주는 마음이 중요한 것이 아니겠는가?

Activity 1

충실한 직장생활은 작은 메모습관부터!

'총성 없는 정보전쟁' 사회에서는 어떤 아이디어를 창출하고, 그 아이디어를 어떻게 자신의 것으로 만드느냐에 따라 인생의 성패가 좌우됩니다. 메모하는 방법에는 정답이 없고 이렇게 광범위한 주제를 체계적으로 서

Plus one

다양한 인맥관리를 위한 메모
특별한 일이 없어도 동종 업계나 다른 업계에 근무하는 친구나 선배, 후배 등을 자주 만난다. 물론 혈연, 지연, 학연을 초월하여 다양한 포럼이나 모임에 참여하는 것도 도움이 된다. 누구를 만나든지 항상 잘 기억하여 주고, 세심하게 배려해 주어라.

술하기는 쉽지 않습니다. 문자가 발명되면서부터 시작된 '기록'이라는 영역이 어떻게 활용되는지, 메모를 하는 이유에서부터 메모에 필요한 도구를 선택하는 방법, 업무, 일상생활에서 자기관리를 위한 메모 방법 등 가장 기초적이면서 반드시 알아야 할 내용들을 이 강의에서 배웠습니다. 결과적으로 메모의 기술이 생활에 얼마나 중요한지 한 번 더 생각하게 되었습니다.

저는 대기업에 다니는 홍길동이라고 합니다. 다이어리는 항상 내 손에 있습니다. 그러나 메모를 어떻게 해야 하는지 잘 몰라서 계획수립과 일의 진행순서가 엉켜 항상 쫓기듯 업무를 처리하게 됩니다. 부서 팀장님도 메모하는 습관을 잘 기르라고 항상 말씀하시는데 그게 잘 안 되었습니다. 먼저 해야 할 일, 나중에 해야 할 일을 정하고, 처리가 완료된 일은 삭제하여야 하는 것이 가장 기본인데, 습관이 안 되어서 그런지 항상 수첩에는 새로운 내용만 계속 늘어납니다. 그리고 처리된 일도 그냥 그대로 있어 나중에 일이 되었는지 알 수가 없습니다.

이번에 '전략적 메모의 기술'에 대한 강의를 듣고 메모가 얼마나 중요한지 알았고, 사회생활 및 조직생활에서 어떻게 살아남을 수 있는지에 대한 고민을 해보게 된 좋은 기회였습니다. 강의 내용 중 부서장의 업무지시사항 내용은 현실감 그 자체였습니다. 저 또한 부서장이 업무 지시할 때 메모 없이 받았다가 난처한 적이 한두 번이 아니었습니다. 분명히 제가 기억하고 있는 날짜와 실제 지시한 날짜가 다른 경우가 많았습니다. 이제부터는 항상 메모를 해서 언제 몇 시에 업무 지시를 했는지 꼭 메모해서 두 번 다시 업무에 실수가 없도록 해야겠습니다.

메모를 통한 고객관리는 너무나 소중한 자료였습니다. 항상 맘속에 고객 관리를 해야지 했는데, 어떻게 해야 하는지 몰라 고민이었습니다. 밀접한 고객관리는 특히 술자리를 통한 담당자 관리라고 생각하고 실천했는데, 진짜 고객관리는 명함에서부터 시작된다는 것, 정말 몰랐습니다. 명함에 만난 시간, 첫인상, 어디서 만나는지 등 다음에 만날 때 그 사람을 그대로 떠 올릴 수 있게 정리해야 하는데 제가 가지고 있는 고객 명함은 하나같이 깨끗합니다.

지난 2월에 업무 변경이 되면서 전임자가 거래처 담당자를 소개시켜 주는데 한번에 여러 사람을 만나니 도대체 명함과 얼굴이 헷갈렸습니다. 처음 방문했는데 이름이 헷갈려 인사만 한 적도 있습니다. 이번 기회에 처음 명함을 받았을 때 어디서 어떻게 만났는지 꼭 기록을 해서 다음에 만날 때 고객을 한 번 더 생각하는 습관을 갖도록 해야겠습니다.

항상 머리 속에서만 정리하고 생각했는데 지금 생각해 보면 고객에 대한 관리 및 제 영업방식에 많은 문제가 있음을 알게 되었습니다. 이를 바로 잡기 위해 학습한 메모의 방법을 정확하고 간결하게 정리하여 업무에 반영될 수 있도록 하겠습니다.

본 강의를 듣기를 정말 잘 했구나 하는 생각이 들고 새로운 세상과 새로운 업무방식의 변화를 가지게 되어 정말 고맙게 생각합니다. 정말 멋진 회사 생활을 하도록 최선의 노력을 다하겠습니다.

이니셜을 사용한
고객과 직원관리

어느 수강생은 자신이 관리하는 고객과 직원정보를 관리하기 위해 이니셜을 사용하고 있다고 한다.

나는 이니셜(즉, 암호)을 활용하는 메모를 사용하고 있다. 내가 관리하는 현장의 고정사원들이 40여 명이 넘는다. 이들의 이름과 특성을 빠른 시간 내에 기억하고 관리하기란 쉽지 않다. 이젠 시간이 지나 이름과 얼굴이 일치되기 때문에 활용을 잘 하지 않지만, 처음에 활용하였던 사례는 다음과 같다.

매장과 일치하는 사물을 비유해서 귀엽고, 이미지에 많은 별명/애칭을 부여하는 방법을 활용한다. 예를 들어 유난히 땀을 많이 흘리는 직원에게는 '냉장고'라는 애칭을 붙인다. 냉장고를 떠올리면 이 직원의 이름인 김찬미를 잊어버리지 않는다. 차가운 것을 좋아하고, 이름 또한 예쁘지만 찬미를 찬물로 기억을 한다. (분위기 썰~렁)

이 수강생은 직관적으로 연상법을 잘 활용하는 것이다. 실제 이름과 연상 대상물을 위와 같이 쉽게 연관시키기 어려운 경우도 많지만, 조금만 고민하면 좋은 결과를 얻을 수 있다.

벌거숭이 샐러리맨의 인생
1막과 2막

대부분의 사람들은 월급을 받고 조직생활을 하게 된다. 조직생활을 하면서 능력을 발휘해서 높은 직급으로 올라가기도 하고, 급여를 많이 받기도 한다. 일반 직장에서는 이사가 되는 것이 소위 말하는 출세를 하는 것이라고 한다. 연말 연초가 되면 조직들에서 승진이나 전보 인사가 있게 되고, 이러한 내용들이 신문지상에 자주 나온다. '사상 최대의 승진인사'이니, '파격인사'이니, '30대 임원의 탄생'이니 하는 조금 선정적인 문구들이 제목으로 사용되기도 한다. 승진을 한 사람에게는 영광스러운 시기이고, 승진을 하지 못한 사람에게는 다음 기회를 기다려야 하는 인내의 시기이기도 하다. 이래저래 연말 연초는 부산하다. 기대와 실망, 축하와 위로 인사, 각종 술자리 등으로 육체적·정신적으로 힘든 시간을 보내야 한다.

요즘 의학기술발달과 생활습관의 변화로 평균수명이 많이 늘었다. 과거에는 60살에 조직에서 정년퇴직 하여 60대 후반이면 인생이 끝났는데, 요즘은 40~50대에 조직을 떠나서 80대까지 살아야 한다. IMF이후 우리 샐러리맨들의 표준인생이 이렇다.

최근의 샐러리맨들의 조직 내 경제활동 기간이 매우 짧다. 대부분의 조직에서 40대 중반에서 50대 중반이 되면, 조직을 떠나야 한다. 일반 사기업에서는 임원이 되지 못하면 대개 40대 중반쯤 부장으로 퇴사하여야 한다. 임원이 되었다고 하여도 임기라는 것이 1~2년에 불과하여 계속 좋은 실적을 내지 못하면 50대가 되기 전에 떠나야 하는 경우가 많다.

물론 공기업이나 공무원은 이보다 형편이 조금 나은 편이다. 공기업에서는 50대 중반까지 버티는 데는 문제가 없어 보이고, 공무원은 50대 후반까지 무난하다. 물론 교직원들은 60대 초반까지 조직생활을 할 수 있다. 운이 제일 좋은 사람들이다. 직업 선택을 잘했다고 볼 수 있지만 말이다. 아마도 그래서 요즘 젊은이들이 공무원이나 공기업에 들어가려고 목숨을 걸고 있는지도 모른다.

그렇지만 일반기업이든, 공조직이든 언젠가는 조직을 떠나야 한다는 것은 자명한 사실이다. 누구는 조금 일찍 나오고, 누구는 조금 늦게 나올 뿐이다. 누구나 대비해야 할 노년준비는 말처럼 쉽지가 않다. 평범한 사람들이 결혼하고, 집 장만하고, 자녀교육 시키고 나면 실제 노년을 대비하여 저축을 한다는 것은 불가능에 가깝다. 전부 퇴직금을 받아서 노년을 보내거나 자식들의 도움을 받지 않으면 매우 어려운 생활을 해야 한다. 50대에 조직을 나온다고 하여도 20~30여 년을 먹고 살아야 한다.

풍요롭고 여유로운 노년은 아니더라도 최소한 쪼들리지는 않아야 하는데, 그렇지 않으려면 돈이 필요하다. 대부분 이런 생활에 필요한 돈을 충분하게 확보하지 못하기 때문에 장사를 시작하기도 하고, 퇴직 후에도 돈을 벌 수 있는 직장을 찾으려고 노력하게 된다. 과거 고도 성장기처럼 장사가 쉬운 것도 아니고, 안정된 조직생활을 하면서 남이 주는 월급만 받아서 생활하던 사람들이 장사를 해서 성공하는 것은 정말 어렵다.

이것이 우리 시대 샐러리맨들의 현실이다. 조직생활을 할 동안에는 조직 내에서 보호를 받게 되고, 조직의 이름으로 경제활동을 하기 때문에, '나'라는 존재는 없다. 조직이 크거나 직급이 높으면 외부활동도 쉽게 된다. 주위에 사람들도 몰리고, 자신이 대단한 존재로 인식되기도 한다. 그러나 조직을 떠나게 되면 이러한 모든 것이 '허상'에 불과하다는 사실을 깨닫게 된다. 그 많던 친구와 업무에 관련된 사람들은 떠나고, 자신이 행사할 수 있는 영향력이라는 것은 없다. 물론 아주 고위직에 있었던 경우나 많은 재산을 가진 소수의 경우는 예외지만, 대부분의 샐러리맨들은 조직을 떠나면서 이러한 처지를 경험하게 된다.

한겨울에 시베리아 벌판에 혼자 서 있다는 느낌이 들게 된다. 나올 때 가진 자신감도 서서히 없어지고, 이제 자연인으로 돌아와서 자신의 인생을 다시 꾸려나가야 한다. 과거와는 다른 처지에서 가족들과의 관계도 재정립하여야 하고, 자연인 신분에 어울리는 새로운 친구도 사귀어야 하고 평소에 해보지 않았던 일도 해야 한다. 초기의 자존심과 체면은 냉혹한 현실 앞에서 연기처럼 사라지고, 벌거숭이가 되어 처절한 생존을 위한 투쟁을 하게 된다. 소위 말하는 '인생 2막'이 펼쳐진다. 이러한 우리네 인생을 비관하는 것이 해결책은 아니다. 현명한 사람이라면 '인생 1막'에서 '인생 2막'을 살기 위한 준비를 하나씩 해야 된다. 이것이 2번 사는 요즘 인생의 묘미가 아닐까 싶다.

이중으로
메모장 관리하기

메모지를 항상 잘 관리하고 보관하기가 쉽지가 않다. 지갑이나 수첩에 끼워 둔 메모지가 없어지거나 주머니에 메모지를 넣어 둔 채로 빨래를 해서 '종이죽'이 되어 버린 경험을 해보지 않은 사람은 별로 없을 것이다. 특히 중요한 전화번호나 약속 장소, 약속 시간을 적어 놓은 경우에는 매우 당황하게 된다. 이러한 경우를 대비하는 것이 이중으로 메모를 관리하는 것이다.

A	B	C	D	E	F
업체	담당자	전화번호	핸드폰	팩스	이메일
XXX사	홍길동	123-1234	123-456-7890	124-1234	hongil@ttt.co.kr

주소록은 엑셀 프로그램과 같은 스프레드시트류의 양식에 저장하여 관리하면 편리하다. 업체명, 이름, 전화번호, 핸드폰, 팩스, 이메일 등이 주요 항목이 된다. 물론 직책과 소속부서, 주소, 간단한 자기 생각 등을 일목요연하게 정리하여 두면 향후에 활용하기에 편하다. 요즘 직장인들은 직장을 자주 바꾸어서 회사나 이메일이 맞지 않는 경우가 많다. 개인적인 경험으로 회사의 이메일을 알고 있는 경우는 30%정도밖에 연락이 되지 않았다. 또한 핸드폰도 자주 바꾸는 사람도 있어 연락처를 항상 최신 자료로 하기도 어렵다. 비고란에 자신이 해당 정보를 입수한 날짜를 정리해 두어야 한다.

대부분의 직장인들은 자신의 핸드폰을 업무용으로 사용하기 때문에 회사를 바꾼다고 해도 핸드폰 번호가 바뀌는 경우는 흔하지 않다. 만약 핸드폰 번호를 자주 바꾸는 사람과 비지니스를 하여야 한다면, 한번쯤 생각을 다시 해보는 것이 좋다. 특별한 경우가 아니면 대개 신뢰하기 어렵거나 사적으로 문제가 복잡한 사람일 가능성이 높다. 일본의 회사들은 직원들이 업무를 할 경우에는 회사의 핸드폰을 사용하도록 한다. 고객에게도 자신의 개인전화번호가 아니라 회사의 핸드폰번호를 알려주어야 한다. 그렇기 때문에 회사의 담당자가 퇴사한다고 하여서 연락이 안 되거나 업무가 중단되는 경우는 많지 않다.

주요 일정이나 일반적인 메모내용들은 문서작성 프로그램에 간단한 양식을 만들거나 그냥 편하게 형식 없이 정리하면 좋다. 파일의 제목을 붙이거나 버전을 관리하는 방식은 '12. 첩보수집경로와 관리요령'을 참조하면 된다. 이렇게 원칙을 정하여 두지 않으면, 처음에는 정리한 메모 파일의 양이 얼마 되지 않아 찾기가 쉽지만 1년, 10년, 20년이 지나면 복잡해져서 관리가 제대로 되지 않는다. 이왕 이중으로 관리하여 활용하려고 하였다면 평생 동안 이 일을 한다고 생각하는 것이 좋다.

모든 메모를 깨끗하게 정리하고, 원본을 파기하여서는 안 된다. 관리상의 문제로 원본을 보관하기 어렵더라도 중요한 메모는 스캐너로 이미지를 입력 받거나 디지털 카메라로 찍어서 사진형태로 컴퓨터에 저장하여 관리한다. 문서에 사인을 하여 두었거나 다른 사람이

Key Point

이중으로 메모 내용 관리하는 요령

- 스프레드시트류 프로그램 : 주소록 등을 항목별로 관리
- 문서작성 프로그램 : 표로 일정이나 메모 내용 관리
- 이미지관리 프로그램 : 중요한 메모나 사진 등을 이미지로 관리

메모지에 글을 남겨 준 경우는 그 필체가 중요하기 때문에 내용만 정리할 경우 사실감도 떨어지고, 혹 문제가 발생하였을 경우 증거로서 가치를 가지지 못한다. 따라서 해당 메모지를 통째로 이미지화하여 저장하고 보관하는 것이 좋다.

 Plus one

컴퓨터에 저장한 내용도 이중 관리

컴퓨터도 완벽한 것이 아니다. 저장된 데이터가 실수로 삭제되기도 하고, 갑자기 다운되어 파일 복구가 어려울 수도 있다. 또한 바이러스가 감염되어 파일을 삭제하여야 하는 경우도 있다. 아주 중요한 내용은 외장하드나 USB메모리 등 외부 저장장치를 활용하여 예비로 저장하여 관리하여야 한다.

인터넷의 블로그 활용

인터넷자료는 블로그를 활용하여 스크랩하여 두면 편리하다. 바로 활용하거나 긴요한 사항은 수첩에 간략하게 적어두면 좋다. 그 자료는 관심 있는 자료를 담아둘 수 있을 뿐만 아니라 이를 다른 사람이 공유하게 할 수도 있다. 블로그는 대부분의 인터넷 사이트와 포탈회사에서 무료로 제공하고 있다.

실제 한 수강생은 자신만의 카테고리를 아래와 같이 분류하여 활용하고 있었다.

한두 개 사이트의 개인 공간(예 : 네이버 블로그, 싸이 미니홈피 게시판)을 이용한다. 각 사이버 공간을 주제별(기본상식, 유용정보, 여행정보, 시사상식, 독서감상, 공연후기, 경제상식, 생활정보 등)로 여러 개의 섹션을 만들어두고 여러 사이트에서 검색한 유용한 자료들을 스크랩해 두고 출처를 남긴다.

그 하단에 간략한 내용 정리 및 나의 의견을 기록해 두면 정보의 의미를 더욱 잘 파악할 수 있다. 여러 번 보면서 기억하려고 노력하면 나만의 정보로 흡수할 수 있다. 이 공간 역시 자주 둘러보아야 의미가 있다.

디지털로 메모 관리하는 방법

요즘 '엄지족'이라고 디지털 기기를 잘 활용하는 젊은이들을 일컫는 말이 있다. 조금 나이가 들었거나 평소에 디지털 기기를 활용하지 않는 사람은 손가락이 굳어서 어렵지만 잘 활용하는 사람들도 의외로 많다. 세상이 급속하게 변하고 있으므로 변화를 못 본 체하고 있으면 뒤처지게 되므로 쉽게 실천할 수 있는 방법들을 살펴보자.

1. 모든 기록을 디지털화한다

아날로그 방식의 메모는 오랜 시간이 지나면 방치되어 다시 꺼내 찾아보기가 힘들다. 모든 자료를 스캐닝 상태로 파일화해 문서로 컴퓨터에 보관하면 언제든지 바로 확인 할 수 있다.

2. 모바일을 이용한다

요즘 누구나 휴대전화를 사용한다. 이메일처럼 상대방이 확인했는지는 알 수 없지만 자신이 잊어버리기 전에 관련된 상대방에게 문자를 보내두면 업무의 전달이 빨라진다. 가족 간에 자주 대화할 시간이 없으면 간단한 문자메시지로 정을 돈독하게 할 수도 있다. 모바일 메모기능으로 일정관리, 중요 아이디어 메모를 잘 하는 사람들도 많다.

3. 아날로그와 디지털 메모를 접목한다

우선 수첩이나 다이어리에 기록하고 다시 컴퓨터에 옮겨 저장해 둔다. 이중으로 메모를 관리하는 것이다. 주소록이나 회의록, 일정 등은 적절한 프로그램을 선택하면 더욱 효율적이다. 컴퓨터에 기록해 두면 쉽게 정렬할 수 있어 아날로그 자료보다 찾기가 쉽다

4. 메모는 나중에 반드시 정리한다

메모는 다시 이를 정리하는 기술이 중요하다. 평일에는 일과

를 마감하면서 정리하는 것이 좋다. 외근이나 다른 업무로 어렵다면 아침에 조금 일찍 출근해서 전일의 메모내용을 정리하는 것도 좋다. 한 주의 메모는 토, 일요일 중에 회사에 출근해 지난 한 주를 돌아보며 명함, 메모, 정보 자료, 보고서 등을 정리하는 방법도 있다.

3 장

조직적응을 위한 메모전략

조직적응을 위한 메모전략으로 조직생활을 잘 할 수 있는 노하우를 살펴보았다. 현대인은 누구나 조직생활, 즉 가정, 직장, 동창회나 향우회, 아님 순수한 친목형태의 클럽활동을 하면서 다른 구성원들과 교류하면서 살아가게 된다. 그리고 평생직장보다 평생직업이라는 말이 통용되는 현재의 한국에서는 직장이 여러 번 바뀌는 것도 다반사이다. 이럴 경우 새로운 조직을 파악하기가 쉽지 않고, 새로운 환경에 적응하기도 어렵다. 조직에 인생을 걸어야할 지 판단하는 몫을 안게 된 개인들은 큰 심리적 부담을 느낄 수밖에 없다. 따라서 조직과 같이 상생하는 길을 찾는 방법을 고민할 수 있는 계기를 제공하고자 하였다.

21

조직 내부첩보 메모하기

조직에서 조직원은 인체의 뼈와 같은 역할을 하고, 정보는 인체의 구석구석에 산소와 영양분을 공급하는 혈액과 같다. 아무리 뼈대가 튼튼하고 좋아도 신선한 혈액이 돌지 않으면 죽게 된다. 이와 같이 조직을 운영하기 위해 필요한 각종 의사결정을 잘 하는 데는 조직환경에 영향을 미치는 정보가 필요하게 된다.

훌륭한 의사결정에는 과거, 현재의 정보뿐만 아니라, 미래의 예측 정보까지 필요하게 된다. 중요한 의사결정을 하려는 시점에서 원하는 정보를 적시에 수집하기란 쉽지가 않다. 그래서 평소에 항상 준비를 하고 있어야 한다.

　조직 내부의 첩보를 수집하기 위한 방법은 크게 두 가지로 나
눌 수 있다. 하나는 조직 내부이고, 다른 하나는 조직 외부에서
이다. 그러면 먼저 조직내부 첩보를 수집하기 위한 방법을 살펴
보자. 내부의 다른 부서나 임원들의 동태를 파악하는 방법은 해
당인의 비서, 건물 관리인, 사무실 청소원 등과 친하게 지내는
것이다. 이들만큼 시시콜콜한 정보를 줄 사람은 없다. 몇 시에
퇴근하는지, 요즘 안색이 좋은지, 화를 자주 내는지, 누가 자주
찾아오는지 등에 관한 것을 알 수 있다. 그리고 직원들은 사내
의 화장실, 휴게실 등에서 부담 없이 자유롭게 대화를 하는 편
이라 다양한 의견을 들을 수도 있다.

조직 외부에서 조직에 관련된 첩보를 입수하기 위한 장소는 직원들이 자주 이용하는 식당, 술집, 커피숍이다. 합석을 할 수도 있을 것이고, 옆 자리에 앉아서 우연찮게 들을 수도 있다. 친화력이 좋은 사람들은 해당 가게의 종업원이나 주인들과 친하게 지내면서 누가 자주 오는지, 누구와 오는지, 대화내용, 심리적 상태 등에 관한 첩보도 입수하게 된다. 조직에서 직원들의 동향을 파악하기 위해서 하기도 하고, 개인들이 조직을 파악하기 위해서 이런 활동을 하기도 한다. 만약 개인적인 목적으로 수집을 한다면 목적을 명확하게 하는 것이 좋다.

정보를 수집하는 목적은 조직생활을 원활하게 하는데 있어야 한다. 정보를 자기 자신을 위해 악용하거나 다른 사람에게 피해를 주기 위한 목적이어서는 안 된다. 정보를 보는 태도가 올바르지 않으면 다른 사람에게 오해를 받을 수도 있으며, 개인적으로 불이익을 받을 수 있음을 알아야 한다. 또한 공식적인

Plus one

다른 조직의 내부정보 입수방법

다른 조직의 내부정보가 내가 속한 조직의 경쟁력 확보에 도움이 되는 경우가 많다. 물론 쉽게 입수할 수 없지만 말이다. 방법은 나의 조직 내부정보 수집방법과 동일하지만, 정보원에 잘 접근하여야 한다.

정보보다 비공식적인 정보가 더 가치 있고 정확할 수도 있지만, 그냥 소문에 불과한 경우도 있다. 따라서 이런 방식으로 수집한 대다수의 첩보는 조직에서 제공하는 공식적인 정보를 보완하는 용도로만 활용하도록 한다.

조직 내부 정보와 일정 관리하기

부서 내부의 사람들의 이름을 알고 성격을 적어서 나중에 참고할 수 있도록 아래와 같은 양식을 만들어 관리하고 있는 수강생도 있었다.

이름	홍 길 동	성격	급하고 성실하다.
전화번호	010-XXXX-0506	직위	과장
이름	성 춘 향	성격	꼼꼼하고, 신경질적임
전화번호	010-XXXX-0708	직위	대리

〈구성원 이름과 성격 메모〉

이런 메모를 해서 관리할 때, 가장 중요한 것은 보안유지이다. 자신만을 위해서 어떤 내용이라도 메모해서 활용할 수 있다. 하지만 이 내용이 다른 사람의 눈에 띄거나 손에 들어가면 욕을 먹거나, 위협을 당할 수도 있으므로 절대로 남이 보지 않도록 해야 한다. 그리고 민감한 내용이나 이름 등은 암호를 사용하면 좋을 듯하다.

다음은 조직 내부의 일정관리이다. 그것을 잘 메모를 하지 않으면 알 수가 없기 때문에 맡은 업무의 제목을 위에 다 적는다. 그리고 관련된 약속이나 여러 가지 할 일을 시간에 맞춰서 자신이 알아볼 수 있도록 잘 기록해 둔다. 제목을 적을 때는 제목 옆에 날짜를 적어서 언제 이런 일을 했는지 알 수 있도록 한다. 할 일의 시간과 할 일의 내용 그리고 그 할 일을 했는지 안 했는지 확인할 수 있도록 확인이라는 절차를 넣어서 ○나 ×로 표시하고 만약 해야 할 일을 못한 경우는 옆에다가 간단한 메모를 한다.

제목 : 한국제약사와 협상   날짜: 2008. 07. 03

시간	할일	확인
08:40	한국제약 CEO와의 만남	○
12:30	한국제약 구매과장 전화	× : 꼭 내일12:30에 연락
13:20	경리과 김과장과 내부 협상방안 토의	○ : 추가논의 필요
14:10		

식약청의 내부 정보 관리
문제점 노출

"이런 식약청에 국민건강을 맡길 건가?" 신문기사의 제목이다. 내용인즉 식약청이 효과가 없는 엉

터리 약 19개 품목의 허가를 취소하였다고 한다. 그런데 허가 취소된 약들은 불과 일주일 전 식약청이 약효가 없는 복제약품의 대체약품으로 지정했던 제품이다. 이미 허가를 취소한 약과 성분이 같은데도 상표가 달라 별개의 약인 줄 알고 대체약품으로 지정했다가 뒤늦게 허가를 취소했으니 도대체 정신이 있는 사람들인가 의심스럽다.

더욱 한심한 것은 식약청이 대체약품 선정이 잘못됐음을 자체적으로는 까맣게 모르고 있었다는 사실이다. 제약회사들의 지적이 잇따르자 비로소 자신들의 잘못을 알고 추가로 허가 취소 결정을 내렸다고 한다.

복제약이 오리지널 약과 효능이 같음을 입증하는 '생물학적 동등성 시험'은 국민건강을 지키는 데 필수적인 절차이다. 오리지널 약과 조금이라도 성분이 달라 약효가 떨어지면 치료기간이 늘어나고, 부작용도 생길 수 있기 때문이다.

그럼에도 불구하고 복제약 3,907개가 나오기까지 식약청이 자발적으로 단속한 실적은 한 건도 없다고 하니 도대체 이들은 무슨 일을 하는지 의심스럽다. 식약청이 최근에 복제약 실태를 조사한 것도 일부 약효 시험기관의 내부고발이 국가청렴위원회에 접수된 데 따른 것으로 알려졌다.

데이터를 조작한 시험기관 중 한 곳이 초대 식약청장이 세운 벤처기업이라는 사실은 식약청 담당자들이 조직적으로 '전관예우'를 한 것으로 밖에 의심할 수 없다. 조직의 정보 전략이 있는지 의심스럽다. 식약청도 이제는 직원들을 바보로 생각하지 말았으면 한다.

이런 내부의 문제점들은 분명히 내부 직원들의 불만을 사고, 수차례 이슈화 되었을 것이다. 그러나 각 부서간의 이기주의, 무사 안일, 복지부동, 전관예우, 파벌싸움 등 각종 이유로 내부 정보가 적극적으로 수집되고 분석하여 대처하지 못한 것이다.

모든 문제는 사전에 징후가 나타난다. 사전 징후를 잘 포착하고 문제점들을 이슈화되기 이전에 적절한 조치를 취하였으면 조직의 부끄러운 실태가 외부에 노출되지는 않았을 것이다. 조직 내부의 통제시스템이 적절하게 작동하지 않음으로써 소위 말하는 '호미로 막을 것을 가래로도 못 막는다'는 사태를 맞은 것이다.

그러나 이제라도 늦지 않았다. 내부직원들을 잘 독려하여서 조직의 건전한 발전과 영원한 생존을 위해서 서로 상생의 길을 찾도록 하는 바람을 일으켰으면 한다. 조직의 수장들도 자신의 재임기간 동안의 무사안일에 안주할 것이 아니라, 자신이 몸담았던 조직의 장기적인 관점에서 정보전략을 수립하기를 바란다. 모든 것이 내부의 커뮤니케이션 즉 정보유통이 원활하지 못하기 때문에 발생하였으므로, 정보의 원활한 소통만 보장한다면 많은 문제점들은 사라질 것이다.

22

조직 **외부첩보** **메모**하기

       요즘처럼 많은 정보를 손쉽고 값싸게 얻었던 때는 역사상 없었을 것이다. 하지만 이 말은 모든 사람에게 동일하게 적용되는 것은 아니다. 세상 도처에 흘러 다니는 첩보와 정보를 어떻게 잘 수집하여 자신의 사용목적에 적합하게 분석, 가공하여 사용할 수 있는 능력을 보유하고 있는 소수의 사람에게 해당되는 말이다. 평범한 소시민들은 그냥 일상생활에서 무료한 시간을 조금 달랠 수 있는 가십거리 정도의 첩보들만 얻을 수 있을 뿐이다. 이런 것을 전문적으로 '정보의 격차(gap)'라고 하고, 우리가 기존에 공짜나 혹은 단순 공공재(public goods)으로 인식하여왔던 정보의 '빈익빈 부익부'현상을 나타낸다고 이야기

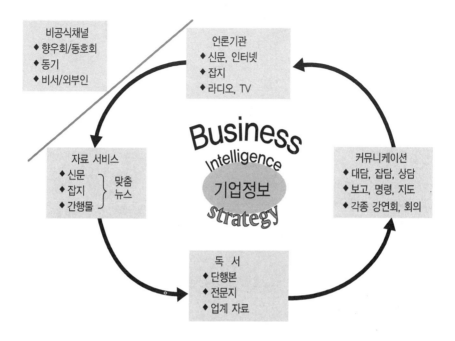

하는 사람들도 있다. 이제부터라도 정보의 혜택을 좀 더 누리고
자 하는 사람들에게 도움이 될 만한 행동요령을 알아보자.

다양한 정보수집방법

조직에 관련된 조직외부
의 첩보를 수집할 수 있는 채널은 5가지이다. 첫째, 언론기관을
활용하는 것이다. 신문, 인터넷, 라디오, 잡지 등에서 다양한 첩
보를 입수하면 된다. 둘째, 자신만의 맞춤뉴스 서비스를 받는
다. 특정 신문이나 잡지, 간행물 회사에서 이런 종류의 서비스
를 유료로 해주는 경우가 많다. 셋째, 자신의 노력으로 자료를

확보하여 읽는 것이다. 특정분야의 전문 서적이나 전문지, 업계 뉴스 자료에서 자신이 속한 조직에 대한 평가나 자료를 얻을 수 있다. 넷째, 가장 살아있는 고급 정보를 얻을 수 있는 것으로 오프라인 모임을 가지는 것이다. 누군가를 만나서 대화를 하고, 전문가가 진행하는 세미나에 참석하고, 자신의 멘토에게서 조언을 듣게 된다. 다섯째, 비공식 루트를 확보하는 것이다. 조직 내의 동기회, 향우회, 동문회 등의 태생적으로 형성되는 인맥과 자신이 스스로 구축하는 인맥도 많은 도움이 된다.

이 중에서 언론기관과 자료 열람은 공개된 첩보를 수집하는 과정이다. 부지런하면 얼마든지 얻을 수 있게 된다. 물론 수집한 첩보를 어떻게 분석하고 받아들이느냐는 것은 개인적인 차이가 있지만 말이다. 이러한 공개정보가 약 80%이상을 차지하게 된다.

그럼 나머지 20% 정보는 어디에서 오는가? 세 번째와 다섯 번째 방법인 커뮤니케이션과 비공식 루트를 통해서 얻을 수 있게 된다. 커뮤니케이션도 공식적인 것도 있고, 비공식적인 것도 있을 것이다.

공식적인 커뮤니케이션에서는 일반적이고 전문적인 지식을 많이 입수할 수 있을 것이고, 비공식적인 커뮤니케이션에서는 사적인 의견이나 배경 등 공식화하기 어려운 내용이 많다. 다만 비공식적인 정보에 너무 많이 의존하는 것은 바람직하지 않다.

정확하고 신속한 정보를 가지고 있다는 것은 조직생활에서 '막강한 힘'을 가지는 것이 된다. 중요한 것은 공식정보에만 너무 의존해서도 안 되고, 비공식 정보에 집착해서도 안 된다는 것이다. 정보란 유통경로를 따라 다양한 형태로 가공되어 전파되는 특성이 있기 때문이다. 특히 공식적인 문서 형태를 띄지 않는 경우의 정보는 전파자의 지식수준, 이해관계, 해당 정보의 이해도 혹은 관점에 따라 변질되어 전파된다. 따라서 이해관계자의 주관이 들어가서 재가공된, 즉 변질된 정보를 잘못 해석하거나 활용하여 낭패를 보는 경우도 많다.

인간은 항상 합리적인 의사결정과 생각을 할 수 있는 것이 아니다. 대개 감정적으로 치우쳐 자신의 이해와 이익에 부합되는 형태로 정보를 받아들이고 또 재가공하여 토해낸다. 이런 현상을 '정보의 오염'이라고 한다. 정보를 받아들일 때에는 항상 여과장치로 여과를 하여 이런 왜곡현상을 걸러내야 한다. 결론적으로 정보수집은 공식적인 경로를 우선시하고, 비공식적으로 수집한 것은 공식정보를 보완하는 정도로 활용해야 한다.

실천 가능한 현실이해

이같은 5가지 첩보수집 방법을 활용하면, 자신이 살아가는데 충분한 정보를 얻을 수 있다. 물론 앞에서 본 첩보의 관리와 정보의 질, 정보생산 노하우 등을 잘 활용할 수 있어야겠지만, 이런 종합적인 과정을 거쳐 정제된 정보가 실제 조직이나 개인에게 중요한 의사결정을 하기 전에 필요하게 된다. 그렇다고 내일 아침부터 당장 훌륭한 첩보원과 정보를 잘 활용하는 조직원이 되겠다고 무리하게 욕심을 부리지 마라. 일상생활이나 조직생활을 하면서 작은 것에서부터 관심을 가지고 실천하여야 한다. 오랜 기간 동안 하나씩 관심을 가지고 습관화하는 것이 좋다.

　실제 많은 기업이 밀집되어 있는 공단, 주요 사무실이 밀집하여 있는 지역의 유명한 음식점, 술집 등을 방문하게 되면 그 지역에 위치한 기업들의 직원들이 자연스럽게 모이게 된다. 이런 집들은 독립된 공간을 확보하기 힘들어 개방된 공간에서 여러 팀들이 옆자리에 앉을 수가 있게 된다. 또한 단골이 되면 종업원들과 친해져서 격의 없는 대화를 하기도 한다. 그런 경우에 이런저런 살아가는 이야기와 회사 이야기가 자연스럽게 나온다. 때에 따라서 좋은 정보를 얻게 되기도 한다. 모든 첩보가 진실일 수는 없다. 하지만 자신의 상사, 동료, 회사의 거래업체, 경쟁사, 협력회사에 대한 이런 저런 최신 뉴스를 들을 수가 있다.
　대부분 평범한 조직원들은 이런 상황에서 흘려듣거나 지나치게 된다. 별로 도움이 되지 못할 정도의 가벼운 소문에 불과한 것도 관심을 가지고 1차, 2차적으로 메모하고 잘 정리하고 추가로 첩보를 입수하여 정리하고, 연관성을 분석하면 훌륭한 보고서가 완성된다.

조직 외부첩보 메모하기
- 언론 등 공개정보를 수집하여 카테고리별로 정리
- 은행, 관공서, 거래업체 등의 담당자 면접
- 개인적인 친분 등을 활용하여 비공개정보 수집

초기 첩보관리가 부실하면 엉뚱하거나 불필요한 정보를 수집하기도 하고, 첩보수집 전략과 분석취지 등 첩보에 대한 대응이 잘못된 방향으로 나아가기도 한다. 일부러 역정보(disinformation)를 흘릴 상황이 아니라면 대부분의 비공식정보는 사실로 보는 것이 좋다. 특히 해당 사의 주요 임직원이 하는 말이라면 대부분 핵심정보임에 틀림없다. 가급적 사실 그대로 정리하고, 필요하다면 상급자에게 즉시 보고하고, 추가 첩보를 입수하는 행동을 하는 것이 좋다.

Plus one

다른 조직의 외부정보 입수방법
상장회사의 경우는 각종 공시나 언론보도 등 공개정보와 협력회사, 관계기관의 담당자 등과의 커뮤니케이션으로 정보입수가 가능하다. 비상장회사는 거래업체나 소비자를 만나는 것이 좋다.

경쟁사에 대한 첩보수집과 활용사례

이 과제의 주제는 '조직 외부에서 경쟁사에 대한 첩보를 수집하고 메모하는 방법'이다. 많은 수강생들이 자신의 업무와 관련이 있는 경쟁사나 관계사에 관한 내용을 현실감 있게 정리하여 리포트로 제출해 주었다. 다음은 그 중 모 유통업체에 관한 첩보수집 내용을 날짜별로 구성한 것이다.

1. 2007년 1월 24일 저녁 8시, ○○역 앞 백두대간 호프집

- 직원들과 술을 마시다 최근 가까이 지내던 종업원으로부터 ○○할인점 매각설 입수
- 정확한 자료 확인을 위한 더 정확한 자료입수가 필요
- 종업원의 증언 → ○○할인점 중간 간부급들의 이직 여부를 놓고 4~5명이 고심하는 대화를 종업원이 청취하여 메모하였다는 자료를 확보

2. 2007년 1월 25일

- 인터넷과 ○○할인점 본사 건물에서 현재 움직임을 직접적으로 확인
- 청소용역회사의 인원 감축으로 본사 건물의 청결상태가 안 좋아짐
- 본사 직원들의 불만이 여러 곳에서 표출됨.
- 관리실의 경비원에게 담배 한 갑을 사주고 경비실의 운영현황 파악
- 경비직원의 증언 → 2007년 1월 5일부로 기존 10명에서 6

명으로 인원 감축 관리소장은 다른 곳에 이력서를 제출하
였다는 후문이 있음

3. 2007년 1월 26일, 바이어와 상담

- 예전대로라면 제안했던 상품에 대한 불만을 항상 토로하
  였으나, 이번에는 아무 말도 없이 수용함
- 오늘 저녁 8시에 술 한잔하기로 함

4. 2007년 1월 26일 저녁 10시 백두대간 호프집, 바이어와 상담

- 대표이사가 회사에 근무하는 시간보다 자리를 많이 비운
  다 함
- 감사실이나, 재무팀에서 최근 없었던 회의진행을 자주 볼
  수 있다고 함
- 보름 전에 대표이사가 이사를 갔는데, 전에 있던 집보다
  더 비싼 집으로 가서 주위 임원들의 눈총을 받았다 함
- 바이어도 최근 급여일자가 5일 미뤄져 가정 사에 문제가
  있다 함

5. 2007년 1월 27일, ○○할인점 최종 대안 마련

- ○○할인점의 본사의 분위기가 침체되어 있음
- 임직원의 이직이 속출하는 문제가 대두되고 있음
- ○○할인점의 부실징후 예상됨
- → 결과적으로 향후 ○○할인점에 대한 금전적 거래에 대
  해 보다 신중히 진행하기 위한 대책 회의 필요

인터넷 업계의 정보전쟁

1998년 IMF 이후 한국의 IT산업은 급속하게 성장해왔다. 2000년대 초기는 거품이라고 할 정도로 과열되었다가 이제는 많은 기업들이 없어졌거나 M&A되었다. 경쟁이 치열한 만큼 조금만 정보수집활동을 게을리 하면 바로 경쟁자에게 추월당하거나 뒤떨어지기 때문에 주변 정보에 촉각을 곤두세울 수밖에 없다. 다음은 모 포탈사이트를 운영하는 업체에 근무하고 있는 직원의 리포트 내용이다.

2 Activity

내가 근무하고 있는 인터넷 업계는 그야말로 소문이 사실을 만들어내는 곳이다. 더불어 정보를 먼저 수집하여 활용하기 위해 왕성하게 활동하는 전장(戰場)과도 같다. A라는 대기업이 N 포탈사에 광고를 집중시키면, A의 경쟁사인 B도 덩달아 N포탈사에 광고를 집중 노출하게 된다. 소비자의 관심이 어느 한 기업으로만 치우치지 않도록 하고, 결과적으로 소비자 인지도에서 밀리지 않기 위해 이렇게 노력하는 것이다. 따라서 어떤 회사가 어떤 사이트에 광고를 게재한다는 소문은 중요할 수밖에 없다.

정보가 곧 돈이 되는 세상이니만큼, 경쟁에 도태되지 않기 위한 정보수집 작전은 작은 곳에서부터 계속되고 있다. 순간의 방심이 전쟁에서 패배를 불러올 수 있기 때문에 항상 긴장을 해야 한다.

인터넷업계 전체가 진실이 아닌 소문이 소문을 낳기도 하고,

악의적인 소문이나 자사에 유리한 소문을 고의적으로 만들어 유포하기도 한다. 실제 이러한 소문이 기업경영이나 사이트의 인지도에 막대한 영향을 미치기도 한다. 잘못된 소문은 근절되어야 하겠지만, 아직도 많이 유포되고 있으므로 소문이 확산되기 전에 차단하는 노력이 필요하다.

증권시장 소문의 진실게임

증권시장의 소문 10건 중 7건이 사실이라고 한다. 그런데 어떤 신문은 70%가 사실이라는 점을 부각시켰고, 어떤 신문은 30%나 거짓이라는 점을 부각시켰다. 증시의 소문에 이끌려 투기를 하지 말라고 하는 충실한 조언도 있었다.

기업에 관련된 각종 정보의 중요성은 일반인에게도 중요하지만, 주식시장에서는 바로 돈으로 연결된다. 특정 소문에 의하여 주가가 출렁이기 때문이다. 기술개발이나 매출계약, 신제품 개발 등에 관련된 소문은 회사의 실적과 관련이 있기 때문에 주가에 바로 영향을 미치게 된다.

주식시장에 소문이 난무하는 이유는 기업들이 공시를 제대로 하지 않기 때문이다. 불성실 공시나, 늦장 공시 등이 일반화되어 있고, 내부정보를 이용하여 주가조작을 하거나 경제적 이익을 얻으려는 세력도 많다. 기업의 잘못된 관행인 이러한 정보를 남보다 먼저 알면 많은 이익을 얻을 수도 있고, 반대로 손실을 줄

일 수도 있다. 이러한 속성 때문에 없어지지 않고 있으며 제재를 하려고 하여도 구체적인 물증을 잡기가 어려운 것이 현실이다. 정보에는 늘 형체가 없다. 기업의 정보를 이용한 내부자 거래를 금지하고 있지만, 없어지지 않고 있다. 기업내부자의 범위가 너무 제한적이어서 실효성이 없다는 지적도 있다. 대부분의 개인 투자자들은 기업에 대하여 잘 모르고 있는 경우가 많으며, 자신이 주식을 보유하고 있는 기업의 고급 정보를 확보하거나 검증할 수 있는 내부인과 친분을 가지고 있는 경우가 거의 없다.

증권시장에서 항상 손해를 보는 세력은 소위 말하는 '개미'라고 불리는 개인투자자이다. 기관투자가나 외국인들은 정보를 수집하고 분석할 조직을 가지고 기업분석을 철저히 하기 때문에 근거 없는 소문에 휘둘리지 않는다. 뿐만 아니라 기업의 사업계획이나 기술개발현황을 사전에 통지받거나 조사를 하고 있기 때문에 공시가 되기 전에 알고 있는 경우가 많다. 그래서 이러한 정보원에 대한 접근능력이 없는 개인들은 외국이나 기관들이 대대적으로 매집하는 종목을 따라서 사는 경우가 많다. 당연하게 그럴듯한 소문이 형성되기도 하고, 다른 개미보다 먼저 산 사람이 의도적으로 소문을 유포하기도 한다. 주가를 끌어올려서 경제적인 이익을 취하기 위해서이다. 소문이 소문을 낳기 때문에 정확한 근원지를 파악하기 어렵고, 소문이 부풀려지기도 한다. 소문의 근원지를 파악하였다고 하여도 악의적인 경우가 아니면 처벌하기도 어렵다.

중요한 사실은 우리 속담처럼 '아니 땐 굴뚝에 연기 나랴'라는 것이다. 신문의 보도처럼 소문의 70% 가량이 진실이라면 아마도 다른 30%는 부풀려지거나 소문에 소문이 붙은 경우일 것이라고 보인다. 그렇다면 30%도 전혀 엉뚱하지는 않다는 것이다. 이러한 소문에 목숨을 걸고 있는 개인투자자들이 안타깝다. 기업들도 기관이나 외국인에게만 정보를 제공하려고 노력하지 말고, 개인투자자에게도 회사의 정보를 가감없이 제공하여야 한다. 다수의 개인주주를 가지는 것이 경영권 방어에도 유리하다는 점을 인식하여야 한다. 개인투자자들도 소문에 의한 단타매매를 하거나 추격매수를 하지 말고, 냉정하게 기업을 분석하여 주식거래를 하는 것이 손실을 막을 수 있는 지름길이라는 사실을 잊지 말아야 한다.

23

정보원 관리를 위한
메모하기

좋은 정보원을 가진다는 것은 행복한 일이다. 좋은 정보원에서만 좋은 정보가 나오기 때문이다. 좋은 정보원을 확보하기도 쉽지 않지만, 유지하는 것은 더욱 어렵다. 물론 단순한 정보만 제공하던 정보원도 고급 정보원으로 될 수 있기 때문에 평소에 잘 관리하여야 하는 것이다.

정보원 즉 'source'를 관리하는 방법은 크게 3가지로 볼 수 있다. 첫째가 이니셜을 이용하는 것이다. 이 방법은 언론이나 정치권에서 많이 사용하는 것으로 "청와대 고위관계자, A모 의원, 모 정치인, 모 행정부 고위관계자에 따르면 무슨 내용이 사

중요한 정보 입수 시, 1, 2차 적으로 다운그레이드

친한 사이라도 가급적 정보를 다운그레이드하여 제공

 정보원 보호, 자신도 보호

'개인적인 비밀유지 약속'에 너무 의지하지 말자!

실이다" 등으로 보도하는 것이다.

보도를 하는 기자는 당연하게 그 사람과 만나서 확인을 하고 기사를 작성한 것이지만, 혹시 법률적 문제나 명예훼손 등의 문제를 방지하거나 자신이 확보한 고급 정보원을 다른 기자나 일반인이 알지 못하도록 하는 것이다. 이런 방법은 본인이 알고 있는 기호나 약어를 적절하게 잘 활용하면 더욱 효과적이다.

두 번째 방법이 '정보의 질'을 떨어뜨리는 방법이다. 정보를 다운그레이드(Downgrade)시키는 것이다. '14. 정보의 질을 관리하는 요령'에서는 정보의 질을 관리하는 이유로 자신과 해당 정보의 수요자에게 적절한 시점에 정확한 정보를 제공하여 의사결정에 도움을 주기 위해서였다.

여기서는 정보원을 보호하는 방법으로 '정보의 질을 관리하기 위한 4가지 요소' 인 적합성, 적시성, 객관성, 정확성 중에 어느 한 가지라도 부족하게 하면 된다. 물론 해당 정보를 수용하게 될 사람의 '지적 능력'에 따라 한 가지가 아니라 두 가지 이상의 요소를 고의적으로 침해하여야 하기도 한다. 아무리 똑똑한 사람이라도 몇 가지 요소가 부족한 정보를 가지고 해당 정보원을 찾아내기란 어려울 것이다.

세 번째는 어떠한 상황이 오더라도 누설을 하지 않는 것이다. 물론 법률적으로 처벌을 받게 되거나 윤리적으로 비난이 강할 경우 마음이 약해져서 해당 정보원을 거명하기도 한다. 그렇지만 '첫째도 보안, 둘째도 보안'이다. 정보를 전문적으로 다루는 사람들은 "한 사람 이상이 알고 있는 사실은 이미 비밀이 아니라고 보아야 한다"라고 한다.

어찌되었건 간에 자신의 부주의나, 아니면 어쩔 수 없는 상황에서라도 정보원이 누설되면 해당 정보원과의 "인간적인 신뢰'는 무너지게 되고, 다시는 회복하기 어렵다. 사실 이것보다 더 중요한 것은 자신이 속한 조직이나 외부의 잠재적 정보원에게 "저 사람은 비밀을 보장할 수 없는 사람이다"라는 인식을 심어줌으로써 고급 정보원을 가질 수 없다는 것이다.

회사의 비서실, 기획실, 홍보실 등 특정부서에 근무하거나 경영진과 사적인 관계가 있는 사람이면 회사의 인사이동이나, 고위 임원의 동정, 경영실적 등 모든 직원들의 관심사에 관한 정보를 쉽게 접하게 될 것이다. 고급 정보를 접할 기회가 많은 사람이라면 1차적으로 보안유지에 신경을 써야 한다. 고급 정보의 외부 유출은 해당 조직이나 구성원에게 치명적인 타격을 줄 수 있으며, 궁극적으로 해당 조직을 붕괴시킬 수도 있는 것이다.

아무리 친한 사이라도 정보를 다운그레이드하여 제공하여야 하고, 중요한 정보를 입수하였다면 순차적으로 다운그레이드 시켜 관리하도록 한다. 정보원을 보호할 수 있고, 자신도 보호할 수 있는 유일한 방책이기 때문이다. 세상에 비밀은 없기 때문에 '개인적인 비밀유지 약속'에 너무 의지하지 마라.

 Plus one

최상의 고급 정보원과 정보를 입수하는 노하우

한번 확보한 정보원은 철저하게 보호하여 신뢰를 형성하여라. 아무리 친한 관계라고 하여도 반드시 정보에 대한 유·무형의 대가를 제공하여야 한다. 세상에 공짜는 없다.

그렇다면 조직생활을 하면서 왜 이렇게까지 하여야 할까? 결국은 양질의 정보가 조직의 경쟁력을 확보하고 조직발전에 도움이 되기 때문이다. 그러나 보고할 때도 어느 내용까지 보고할 것인지, 수집한 첩보와 자신의 생각을 명확하게 구분해야 한다. 진실이 호도되거나 정보가 누락되어 오히려 정확한 정보판단에 지장을 초래해서는 안 된다.

정보원 보호 실패로 곤란한 사례

Activity

저는 이 교육 전 회사 내 직원 간 떠도는 인사이동, 승진 관련 정보 등을 듣고 팀 내 직원들에게 전파를 하다가 곤란한 경험을 하였습니다. "누가 이야기 하던데 누구누구가 어느 부서에 간다더라."하면서 소문을 흘리곤 하였는데, 그 정보가 결과적으로 사실이 아니게 되었습니다. 그러다보니 저와 정보를 준 당사자가 회사 내에서 다른 직원에게 믿음을 잃게 되었고, 이제는 저의 말을 믿으려 하지 않는 사람이 많아졌습니다.

만약 이 과정을 먼저 수강해서 '전략적 메모의 기술'에 대한 내용을 이해하고, '정보원 보호하는 요령'에 대해 알았다면 좋았을 것이라는 생각이 듭니다. 그랬다면 이런 정보를 들었을 때 메모를 통한 정보공유 유무를 정하고 공유 필요성 시 다운그레이드하여 좀 추상적으로 작업 후 전파하였을 것입니다. 물론 위와 같은 낭패를 경험하지 않았겠지요.

　조직에서 남보다 한발 빠른 정보를 입수하는 것은 거의 '권력'에 가깝다고 볼 수 있고, 그 직원은 '유능한 직원'으로 인식된다. 그런데 그런 권력을 잘못 행사하면 곤란한 지경에 빠지게 된다.

24

내용과 중요도에 따른 메모분류

업무시간의 100%를 조직을 위한 일로 채우는 사람은 없을 것이다. 동료와 사적인 대화도 하고, 개인적인 전화도 걸며, 이러한 내용을 회사에서 지급한 수첩에 적기도 한다. 또한 좋은 조직이나 괜찮은 업무를 맡게 되면 조직 업무를 하면서 훌륭한 지식과 경험을 쌓을 수도 있고, 다양한 인맥을 구축할 수도 있다.

조직에서 급여를 주는 대가로 조직원에게 '몸과 마음을 조직에 헌신'하기를 원한다. 그렇지만 조직원 대부분 평범한 인간이다 보니 개인적인 부문이 있을 수밖에 없으므로 그런 내용들을 메모장에 어떻게 정리하고 관리하여야 하는지 살펴보자.

* 10:00 ~ 11:00 팀장회의
  – 참석자 : 이과장 외 3명
  – 안건 : 하반기 단합대회
  – 등산 혹은 체육대회???

* 13:00 ~ 14:00 상반기 전략회의
  – 참석자 : 팀장이상, 박부장 주재 예정
  – 안건 : 신상품시장진입전략 논의
  – R&D팀에서 제품 Spec설명 예정

● 2월 14일, 저녁 7시, 초등 동창모임, 종각역 총무연락 장소파악
● L전자 김이사와 술 약속 잡을 것 – 이번 주에 만나야 함.

내용에 따른 분류하기

수첩은 개인적인 용도와 공적인 용도, 2개를 별도로 사용하는 것이 편리하다. 어떤 사람은 상식이나 전문지식 관리용으로 하나를 더 가지고 관리하는 경우도 보았다. 그렇지만 개인적인 내용과 공적인 내용을 명확하게 구분하기 쉽지 않은 경우도 많고, 어느 시점에 어떤 메모장이 필요한지 예측하기가 어렵고, 2개의 메모장을 한꺼번에 가지고 다니기도 번거롭다. 다시 말해 같은 메모장에 여러 내용을 메모하는 것이 보통의 행태가 되는 것이다.

일단 메모장은 하나로 통일하도록 한다. 그리고 메모한 내용이나 메모지를 개인적인 것과 공적인 것으로 분류하여 정리하

도록 한다. 메모지는 구분하기 쉬우므로 크게 문제가 되지 않지만, 메모장의 경우는 사정이 다르다.

그래서 메모장에 한 메모는 메모할 때 표시하여 두지 않으면 헷갈리게 되거나, 중요 내용을 처리하지 않고 지나치기 쉽다. 조직생활을 하면서 개인적인 업무에서 실수가 조금 있다고 한들 큰 문제가 되지는 않지만, 공적인 업무를 놓치면 난처한 상황에 빠지게 된다. 일단 자기가 알아보기 쉬운 표식을 만드는 것이 좋다.

예를 들어 앞의 그림처럼 개인적인 내용은 무조건 메모장의 아래에 정리한다든지 하는 것이다. 어떤 사람은 오른쪽 페이지는 공적인 일, 왼쪽 페이지는 사적인 일을 정리하기도 하는데, 이 또한 날짜를 맞추거나 메모 분량을 정확하게 맞추기가 어려워 권장할 만한 방법은 아니다.

가장 손쉽고 명확한 방법으로 박스를 만들어 관리하는 것이 좋다고 본다. 물론 해당 페이지에서 개인적인 내용은 무조건 네모 박스로 표시하여도 좋다. 아이디어가 떠오르지 않거나 답답하고 무료한 시간을 보내면서 박스 주변에 그림을 그리기도 하고, 리본으로 장식을 하면서 마음을 가다듬는 것도 생각보다 재미있다.

중요도에 따른 메모분류

중요한 내용을 잊지 않고 잘 처리하기 위해서 메모를 하지만, 모든 메모내용이 중요한 것은 아니다. 메모지도 그렇지만 메모장의 내용도 중요한 것과 그렇지 않은 것이 복잡하게 섞여 있는 것이 대부분인데, 구분하기가 쉽지 않다. 메모를 할 때는 잘 챙겨서 처리한다고 마음을 먹었지만, 시간이 조금 지나면 잊어버리기도 한다.

이럴 때 하는 방법 중의 하나가 기호나 펜의 색깔로 중요도를 구분할 수 있다. 중요한 업무 내용은 빨간색 펜으로 표시를 하거나, 메모의 우측 상단에 빨간 펜으로 별표를 하면 된다. 물론 그 다음으로 중요한 내용은 파란색 펜으로 별표를 하고, 그냥 중요하거나 관심을 가져야 할 내용은 검은색 펜으로 별표를 한다.

구분을 하는 이유는 조금이라도 중요한 내용을 먼저 챙기고, 잊지 않고 관리하기 위해서이다. 메모를 활용한다는 측면에서도 중요도에 따라 분류하는 일이 중요한 것이다. 인간생활에서 대부분의 자원은 유한하다. 이렇기 때문에 경제학자들도 '합리적인 인간 행동 모형'이라는 가설들을 가지고 먹고 사는 것이다. 시간을 예를 들어보아도 어떤 때는 남아서 무료하기도 하지만, 조직생활의 대부분은 시간에 쫓기게 마련이다. 정해진 시간목표, 주어진 시간 내에서 문제없이 처리할 수 있는 일도 한정이 있게 마련이다.

이러한 점을 고려하여 한정된 자원을 효율적으로 활용하기 위해서 우선 순위

Key Point

내용과 중요도에 따른 메모 분류 요령
- 메모장을 공적인 내용과 사적인 내용으로 구분하기
- 메모장은 가급적 업무와 관련된 내용 위주로 정리할 것
- 메모지를 정리할 때도 공, 사로 구분할 것
- 내용 중 중요도에 따라 색깔이나 별표 등 기호로 표시할 것

를 배정하는 것이다. 업무를 처리할 때 일단 위의 기준에 의하여 빨간색 별표가 된 업무를 우선 처리하고, 다음은 파란색 별표, 그리고 검은색 별표를 하면 된다. 물론 별표가 되지 않은 것들은 맨 마지막 순서가 되는 것이다. 이때 주의할 점은 개인적으로 명확한 기준을 가지고 있어야 한다는 점이다. 별표가 너무 많아서 그 중에서 다시 우선 순위를 정해야 하는 경우도 있다. 물론 세상에 명확한 것은 없고 '그때그때 달라요'라고 하는 코미디 대사도 있듯이 기준은 변하게 될 것이다. 자신의 기준으로 해보고 위의 경우처럼 별표가 너무 많거나, 오히려 너무 없거나 하면 다시 판단해서 적절한 개수로 관리하는 방안을 세우면 된다.

비서에게 필요한
메모의 노하우

어려서부터 자신의 성격을 파악하고 오랜 기간 동안 메모의 습관을 길러온 직장인의 사례이다.

나는 덜렁이라는 별명을 가지고 있을 정도로 건망증이 심한 사람 중에 한 사람이다. 그렇기 때문에 어려서부터 메모하는 습

Plus one

개인적인 내용은 메모장의 맨 뒷장부터 사용
개인적인 것과 업무의 구분을 명확하게 하고자 하는 사람은 수첩의 맨 뒷장부터 거꾸로 개인적인 메모를 하는 것이 좋다.

관을 가지고 있다. 처음 방문하는 곳은 실수하여 잘못 찾아가지 않도록 지리를 검색하여 메모하고, 구비서류가 필요한 경우 제대로 구비하지 못해 다시 돌아오지 않도록 한 번 더 메모를 체크하는 등 많은 노력을 기울이는 편이다.

현재 ○○기업의 대표이사 비서로 근무하고 있다. 비서에게 메모란 얼마나 중요한 것인지 모를 것이다. 항상 지시사항을 전달받고 올바른 결론에 대한 답을 전달해 드려야 하는 일의 특성상 항상 수첩과 볼펜을 휴대하고 다녀야 한다. 하루를 시작하는 아침에 그날의 브리핑을, 하루를 마감할 때 다음날에 대한 브리핑, 월요일에는 그 주에 대한 브리핑, 금요일에는 다음주에 대한 브리핑을 실시한다.

처음 비서 일을 할 때가 생각난다. 비서 일을 할 때 메모의 중요성을 잘 모르던 나는 사장님께서 지시한 사항에 대해 항상 무언가를 빠뜨리고 처리하기 일쑤였다.

지금 나는 여러 개의 노트를 사용하는 편이다. 내가 사용하고 있는 메모의 방법은 메인 노트 한 권을 준비하고 한 페이지(2쪽)를 하루에 사용한다. 왼쪽은 개인적으로 처리할 일이나 순간적으로 메모할 사항을 적고 오른쪽은 사장님의 지시사항이나 사장님 스케줄을 작성한다. 처리한 일에 대해서는 색연필이나 형광펜으로 처리하였다는 표시를 한다. 지시하신 사항에 대해서는 바로 바로 메모하고 잘못된 것이 없는지 확인을 한 후 중요도에 따라 우선순위를 정하여 처리한다. 보고할 때는 미리 한 번 더 숙지하고 보고한다.

처리하지 못한 일이나 후에 처리해야 할 일에 대해서는 견출지 포스트잇을 사용하여 처리하지 못한 날에 대해 표시한다. 미리 약속을 잡고 예약을 한 경우 예약한 날을 메모하고 식당이름과 전화번호 약속하신 분 성함과 전화번호 시간 등을 메모하여 둔다. 빠르게 작성하기 위한 간단한 기호도 사용하는 편인데 전화 = T, 전무 = JM, 상무 = SM, 부장 = BJ 등으로 전화와 직급 등을 표시한다.

그리고 한 달간의 스케줄 표를 작성하여 한눈에 그 달의 스케줄을 볼 수 있도록 정리한다. 사내 일정 등은 검정 볼펜으로 표시하고 사장님이 참석하는 일정은 녹색으로 표시한다. 비서에게 전화메모도 중요하다. 전화통화도 노트를 따로 만들어 정리하는데 언제 누구에게 무슨 용건으로 전화가 왔었는지 바로 확인 할 수 있도록 정리하고 전화메모를 할 때는 전화번호와 전화한 분의 성함 그리고 전화를 건 용건에 대해 상세하게 메모한다. 전화번호와 성함을 다시 한 번 확인받고 메모한다. 급하게 적어 글씨가 엉망이기 때문에 전화노트에 다시 옮겨 적는다. 또한 사장님께서 결제하신 서류는 따로 노트에 기록하고 가져간 사람의 직원의 이름을 적어놓고 보관한다. 그래야 서류의 분실을 막을 수 있다.

25

메모의 복제와
복사요령

메모를 있는 그대로 보관하고 관리하기는 어렵다. 가끔씩 정리하여 꼭 필요하지 않거나 지나간 내용을 포함하고 있는 것은 버리게 된다. 하지만 어떤 형태로든 메모내용을 보관할 필요가 있을 경우가 있다. 메모내용을 다른 사람에게 다시 전달할 필요가 있거나, 훼손되어 원 내용을 정서할 필요가 있을 경우 메모지를 그대로 옮겨 적게 된다. 이런 것을 메모의 복제라고 하며, 메모내용을 복사하여 보관하기도 한다. 이러한 과정에서 중요한 것이 무엇인지 알아보자.

메모내용을 복제할 경우에는 반드시 있는 내용을 그대로 옮겨 적되, 변조하거나 위조하여서는 안 된다. 많은 사람들이 중

요한 메모 내용을 자의적으로 바꾸기도 하는데, 이는 정말 위험한 행동이다. 메모라는 것은 향후에 자신을 돌아보고, 미래를 설계하는데 많은 도움이 되기 때문에 메모를 작성할 시의 진솔한 감정이 중요하다.

위법적이거나 불법적인 내용이 아닌 경우에는 그대로 복제하는 것이 좋다. 첨언하자면 메모내용을 옮겨 적을 때 메모내용에 대한 코멘트가 필요하다는 점이다. 예를 들어 술을 마시고 취한 상태, 기분이 좋을 때 휘갈겨 쓴 메모내용을 그대로 반듯한 글로 정서하여 놓는다면, 정리한 메모를 보아도 메모할 당시의 감정이 살아나지 않는다. 소위 말하여 죽은 메모가 되는 것이다. 이럴 때는 그때의 상황이나 동석한 사람, 주로 나눈 대화 내용을 요약하여 두면 좋다.

복사의 경우, 중요한 메모내용은 직접 복사하여 관리한다. 중요한 메모를 복사할 때, 메모용지의 크기가 다르거나, 메모지가 수첩이나 공책의 사이즈와 다를 경우 여러 개의 메모지를 이면지에 붙여서 복사하여 관리하기도 한다. 포스트 잇 종류의 메모지는 수첩이나 파티션, 달력 등에 붙여 두면, 일정 시간이 지나면 떨어져 도망가 버린다. 이런 경우를 대비하여 비슷한 것끼리 모아서 복사하여 다른 수첩이나 문서철에 합철하여 관리하면 좋다.

Key Point

메모장과 메모파일의 복제 · 요령

- 메모의 복제 : 내용을 변조하거나 위조하지 말 것
- 메모의 정서 : 중요한 메모는 상세 설명을 달 것
- 개인적으로 중요한 내용은 절대 복사하지 않도록 할 것
- 메모의 복사 : 연관 있는 것끼리 모아서 관리할 것

중요 메모지나 메모장을 복사하여야 할 경우는 반드시 본인이 하도록 한다. 다른 사람에게 시킬 경우에도 본인이 직접 작업현황을 지켜보는 것이 좋다. 사적인 내용이거나 업무상의 내용을 다른 사람이 아는 것은 바람직하지 않기 때문이다. 복사를 한 내용이 맞지 않아 버리는 경우도 있는데, 이면지나 자신의 메모용 종이로 사용되지 않도록 철저하게 파기하도록 한다. 그리고 '20. 이중으로 메모장 관리하기'에서 언급하였는데, 컴퓨터

파일로 저장된 중요 메모내용은 다른 사람이 접근하지 못하게 하여야 한다. 파일의 복제도 엄격하게 통제하여야 한다. 컴퓨터 파일은 일반 메모나 문서와 달리 무한 복제가 용이하고 확산이 매우 빨라서 제대로 통제하기 어렵다는 특징이 있다.

메모장의 복제와 관리

Activity

저는 메모장을 2개 준비해 다닙니다. 한 가지는 A4 이면지를 묶어놓은 연습장이고, 하나는 중간 크기의 수첩입니다. A4의 연습지는 상사가 무슨 지시를 내리고 그것을 해나갈 때 사용을 하고, 중간 크기의 수첩은 회의나 세미나 등의 공식적 자리에 이용을 합니다.

그리고 상사의 지시는 이면지에 메모를 하고 그 직무를 해 나가며 이면지에 정리를 합니다. 그리고 직무가 끝났을 때 그 이면지 묶음을 스템플러로 찍어서 바인더에 날짜를 표시하고 모아놓습니다. 이 메모장은 피드백의 과정이나 상사의 질문에 굉장히 요긴하게 쓰이고 있습니다.

수첩에는 모든 회의나 세미나의 내용을 정리합니다. 깨끗한 정리는 아니지만 표시를 해나가며 전달받은 내용을 적으면 그것들은 나중에 찾아보고 공부할 수 있는 아주 훌륭한 직능교육 수첩으로 변합니다. 신입사원이라 생소한 단어나 직무를 접합니다. 이런 것들을 정리하고 배워나갈 수 있게 메모를 해두고 있습니다.

이 수강생의 경우는 메모장을 2개로 관리하고 이면지를 잘 활용하는 것으로 보인다. 그러나 이면지를 다시 정리할 때 본래의 의미나 내용이 잘 보존될 수 있도록 주의를 기울일 필요가 있다. 자칫 잘못 정서를 하면서 현장감이 떨어지거나, 중요 포인트를 놓치는 경우가 생길 수 있다.

26

메모의 파기와
소각요령

　　메모를 잃어버리거나 보관하기 어려운 경우를 대
비하여 복사하거나 정서를 제대로 하여서 보관하기도 한다. 하
지만 영원히 모든 자료를 있는 그대로 다 관리하기는 어렵기 때
문에 어쨌든 시한이 지났거나 필요가 없는 경우에 없애야 한다.

　　이런 방법으로 파기와 소각이 있다. 물론 그냥 쓰레기통에
버리거나 이면지로 활용하다가 버릴 수도 있다. 하지만 메모라
는 것이 자신만의 비밀에 해당하는 경우가 많기 때문에 조금 신
경을 곤두세워서 처리하는 것이 좋다고 본다. 메모의 파기와 소
각요령을 살펴보자.

먼저 파기를 하는 것이다. 메모를 모아서 잘게 찢어 버리거나 세단기에 넣어서 처리하면 된다. 잘게 찢어서 버리면 중요 내용을 다른 사람에게 유출될 수 있다. 훈련을 받거나, 노력을 기울이면 웬만한 크기로 찢어진 메모지는 원상복구가 어렵지 않기 때문이다. 일반 가정이 아닌 직장에서는 세단기가 있어서 처리가 편리한 편이다. 과거에는 일자 형태로 세단하는 것이 보통이었으나, 요즘은 톱밥형태로 처리하기 때문에 복구가 불가능하다. 물론 처리된 양이 많지 않고, 인내력을 구비한 사람이 특정 목적을 가지고 시도한다면 전혀 불가능한 일은 아닐 것이다. 다음 장의 그림과 같은 과정을 거쳐서 복원이 되는 것이다.

다음은 소각하는 것으로 일반 가정에서는 메모지를 태워 없애기가 쉽지 않지만, 소각 시설을 가지고 있는 직장에서는 가능

한 일이다. 물론 일반 회사가 중요 문서 소각 시설을 가진 경우는 흔하지 않지만 말이다. 소각은 아파트에 살거나 일반 주택에 산다고 하여도 양이 적지 않은 경우에만 활용 가능하다. 아파트는 베란다에서 몇 장 정도는 태울 수 있으며, 주택은 더욱 용이하여 시간선택만 잘한다면 마당에서 일정 부분 소각이 가능하다. 소각을 할 경우는 메모지가 완전하게 잘 탔는지 확인하여야 하며, 물을 부어 형체를 완전하게 파괴하는 것이 좋다. 물론 남은 재는 검은 봉투에 담은 후 쓰레기 처리봉투에 넣어서 버린다.

메모를 파기하여야 할 필요가 있거나 개인적인 이유로 급박하게 처리하여야 한다면, 파기순서는 다음과 같다. 먼저 과거의 자료, 지나간 메모 내용을 파기한다. 다음은 미래에 활용할 자료, 즉 미래의 모임이나 자신의 비전 등을 담은

 Key Point

메모의 파기와 소각요령

- 메모의 파기는 세단기로 처리할 것
- 세단기가 없는 경우, 잘게 찢어서 복구하기 어렵게 할 것
- 중요한 메모는 파기한 후에 반드시 소각할 것
- 소각한 후의 재도 원형을 파괴하여 처리할 것

자료를 파기하고, 마지막으로 현재에 필요한 자료를 없앤다. 이렇게 하면 자료를 파기하여 입게 될 피해를 최소화할 수 있다.

또한 특정 인사의 집에서 나오는 쓰레기봉투나 폐컴퓨터, 폐지 등을 수거하여 정보를 복원하여 악용하는 사례가 최근에 빈발하고 있다. 각종 개인정보 유출로 인한 인터넷 명의 도용 등의 사이버 범죄의 대부분이 개인들의 잘못된 정보관리에 일정부분 문제가 있는 것으로 판명되어지고 있다.

Activity

다이어리에 대한 경험

근무한 지 2년이 넘어가다 보니 쓰다 말고 정리하지 않은 다이어리가 있었다. 버리려니 필요한 자료가 있기도 하고, 정리의 필요성을 몰라서 그냥 두었는데 강의를 듣고 필요한 자료를 다시 정리해보았다. 중요한 내용은 파일로 정리하여 두었고 정리한 다이어리는 버렸다. 이런 메모들이 지금 업무에 유용한 것이 많이 있었다. 시간이 지난 데이터들도 업데이트를 하고 자주 보면 업무에 익숙해질 수 있을 텐데 좀더 일찍 정리할 생각을 못했다는 것이 아쉬웠다.　　　　　　　　　　　　　－C사 20대 중반 직장인

27

새로운 전입자를 위한
메모하기

IMF 이후 직장인들의 이직이 매우 활발해졌다. 평생직장의 개념에서 평생직업이라는 말이 유행하고 있다. 어떤 통계에 따르면 요즘 직장인들의 평균 3~4회 정도 이직을 하게 된다고 한다. 그리고 한 직장에서 근무한다고 하여도, 다른 부서로 전근을 가거나 지방이나 해외 지사로 파견 근무를 하는 것이 다반사이다. 특히 평소에 가보지 못한 지방이나 해외 지사로 나간 경우에 적응에 애로를 겪게 된다. 자신이 살던 곳에서 당연하다고 생각하던 일들이 새롭게 배워야 하는 것이 되었기 때문이다.

전입자를 위한 메모

새로 거주하는 집과 사무실 주위의 편의시설은 어떤 것이 있는지, 어디에 있는지, 어떻게 활용해야 하는지 등에 관하여 하나씩 경험하면서 배울 수밖에 없다. 2001년도 모 신문에 실린 내용이 시사하는 바가 커다. 새로운 집에 이사한 주부가 전(前)입주자가 남겨 놓은 메모에 충격을 받았다는 내용이다. 집의 특성, 수도와 전기, 가까운 쇼핑센터, 질 좋고 싼 제품을 파는 가게, 시설 좋고 친절한 병원, 관공서 위치, 은행 등 살아가면서 매우 필요한 정보를 꼼꼼하게 메모하여 벽장 앞에 붙여 두었다고 한다. 이 미담은 모 은행의 광고로도 활용되었고 우리사회에 훈훈한 정을 느끼게 해주었다.

외국에서 부동산을 통해서 집을 구하게 되면 부동산 중개소 사람이 집의 구조, 전기 스위치 위치, 보일러 위치, 그릴의 사용법, 한달에 나오는 평균 전기 요금, 주위의 교통편, 정류장이나 역까지의 거리, 주위의 대형 쇼핑센터, 정원의 잔디 손질 시기와 방법, 생활 쓰레기 처리 등 생활에 전혀 불편하지 않을 정도의 정보를 상세하게 설명하여 준다. 어느 주부처럼 우리도 이사를 전입을 왔거나 새로운 사무실 환경에 적응을 하여야 하는 경력직이나 다른 부서 사람이 전입을 왔다면 아래와 같은 메모를 전해주자. 한결 편안하게 조직에 적응을 하게 되고, 그 만큼 업무성과도 향상되리라 생각한다.

사무실의 구조 및 특징		시설 좋은 친절한 병원	
주위의 교통편		관공서 및 은행 위치	
쇼핑 시설과 평판		기타사항	

즐거운 새로운 직장

직장생활을 하면서도 이런 경험을 할 수 있을까? 최근에 직장을 옮긴 후배가 있다. 며칠 전 그가 흥분하여 전화를 하였다. "선배님, 우리 회사 정말 좋아요." 무엇 때문이냐고 하니, 몇 번이나 회사를 옮기면서도 회사 주위의 편의 시설, 식당에 관한 정보를 공식적으로 알려준 곳이 없었다고 한다. 물론 필자 자신도 그런 경험을 해본 적이 없다. 그가 가져와 보여준 유인물에는 아래와 같은 정보가 있었다.

위치	상호명	메뉴	전화번호	상세위치	비고
국세청 뒤 인사동부근	우리소	설렁탕	7XX-0308	하나로 빌딩 옆	잘 익은 김치가 별미
	백학	등심	7XX-7866	인사동 맥도날드 뒤	고기맛 좋고 서비스 만점
관광공사 뒤	철철복집	복	7XX-2418	산업리스 뒤	복 매운탕
	북어국집	북어국	7XX-3891	코오롱빌딩 뒤	숙취에 최고
조흥은행 본점 부근	하동관	설렁탕	7XX-5656	조흥은행 본점 뒤	오랜 전통, 맛있음
	유진참치	참치	7XX-1713	을지로 입구	푸짐하게 줌
	삼락	비빔밥	7XX-8477	조흥은행 본점 옆	저녁에는 삼겹살

직장인들의 고민 중의 하나가 식사를 해결하는 것이다. 속된 말로 "직장생활도 먹고 살자고 하는 짓이니 밥이나 잘 챙겨 먹읍시다" 하는데, 제일 고민되는 일 중의 하나가 자신의 입맛에 맞는 편안한 식당을 찾는 것이다. 하지만 이런 정보를 받게 되면 고민이 한꺼번에 해결되는 것이다.

고민 해결을 위해서는 앞의 예처럼 회사 인근의 주요 음식점 연락처, 메뉴, 해당 음식점에 특징 등에 관한 정보를 상세하게 적는 것이다. 점심 때 무엇을 먹을 것인지, 어느 집이 맛있는지, 어느 술집이 회식하기에 좋은 지 등에 관한 정보는 오래 근무한 사람으로부터 하나씩 먹어보면서 전수받으면 된다.

이제 자신부터 회사에 새로 입사한 직원이나, 해당 지역에 익숙하지 않은 후임자에게 주변정보를 상세하게 정리하여 알려주자. 생활에 불편하지 않고 잘 적응하게 되면 감동을 할 것이다. 그런 식으로 좋은 인간관계도 쌓을 수 있다. "나도 몇 년 동안 시행착오 겪으면서, 수업료 내가면서 배운 경험이야"라는 식으로 생각하지 말고, 나부터 먼저 간단하더라도 메모를 남기도록 하자.

만약 이 책을 읽는 사람이 인사나 총무 등 관리조직에 근무하는 사람이라면 생각을 바꾸었으면 한다. 단순히 이력서나 받고, 인사평가자료 준비하고, 인사배치 등에 관한 고민만 하지 말고, 직원들에게 서비스를 하여야 한다. 직원들이 잘 적응하면 할수록 조직에는 도움이 되는 것이다.

많은 기업들이 직원의 채용에는 많은 비용을 지불하면서, 채용한 사람이 잘 적응하는 데는 배려를 거의 하지 않는다. 취직도 어려운데 우리 조직에 근무하는 것만 하여도 감사하라고 생각한다면, 우수한 인재는 떠나게 될 것이다. '한 명의 천재가 만 명을 먹여 살린다'고 하면서 글로벌 우수인재를 채용하라고 독려하는 모그룹 회장의 말도 있지만, 사실 채용보다 중요한 것은 새로운 조직에서 잘 적응하도록 하는 것이고, 이것이 중도 이직률을 낮추는 지름길이다.

Key Point

전출·입자를 위해 메모해야 하는 내용

- 사무실 구조, 위치 등 건물에 관한 정보
- 인근 병원, 쇼핑센터 등 편의시설 정보
- 관공서, 은행의 위치 등에 관한 정보
- 기타 생활에 도움이 될 만한 정보

28

메모 심부름 시
유의사항

　　부하나 상사에게 전달하기 위해 메모를 하는 경우
가 있을 것이다. 본인의 목적을 위해 작성하는 메모는 논외로
하고, 다른 사람에게 전달하기 위한 경우만 생각해 보자. 메모
를 작성하여 본인이 직접전달하기도 하고, 다른 사람에게 부탁
하여 전달하기도 한다. 본인이 직접 전달하는 것은 크게 문제가
되지 않는다. 전달할 시의 예절이나 내용에만 신경을 쓰면 된
다. 그러나 다른 사람에게 메모 심부름을 시킬 경우는 다른 이
야기가 된다. 메모가 일반적인 내용이거나 심부름을 하는 사람
이 보아도 무방한 내용이면 고민을 하지 않아도 되지만 그렇지
않을 경우는 다음과 같은 사항을 유의하여야 한다.

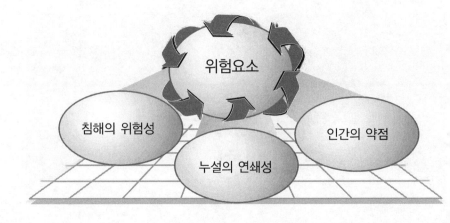

먼저 메모 심부름의 위험요소 3가지에 대하여 알아보자.

첫째, 메모가 중요한 내용을 포함하고 있으므로 침해의 위험성이 있다. 비밀은 가치를 가지므로 이해관계자가 관심을 가지고 침해할 수 있는 가능성이 높다.

둘째, 비밀은 한번 누설되면 연쇄적으로 다른 사람에게 이전되는 특성을 가지고 있다. 한번 유출되면 통제가 되지 않을 뿐만 아니라 통제를 할 수도 없게 된다.

셋째, 인간의 근본적인 약점에서 출발한다. 즉 인간은 누구나 권력욕과 과시욕을 가지고 있다. 중요한 정보를 알고 있다는 사실을 다른 사람에게 과시하고자 하고, 정보를 통해 조직관리를 하고자 한다.

이러한 세 가지 위험요소 때문에 중요한 메모를 잘 관리하여야 하는 것이다.

그럼 이런 위험 요소를 제거할 수 있는 메모 심부름 방법을 알아보자. 먼저 메모를 전달할 경우에 주의사항을 주지시켜서 전달하게 한다. 즉 메모내용을 이해하거나 메모하지 않은 부문 중에 알아야 할 내용을 말로써 전달하게 한다. 둘째, 메모 내용이 중요하여 심부름 하는 사람이 알아서 안 될 경우는 봉투에 넣어서 봉인한 후에 전달하게 한다. 셋째, 아주 중요하거나 개인적인 일에 관련될 경우는 아무리 바빠도 본인이 직접 전달하도록 한다. 비서나 아래 직원에게 메모 심부름을 시켰는데 처음에 의도한 목적을 달성하지 못하였거나, 심부름 하던 직원이 메모 내용을 보고 다른 사람에게 전파하여 난처한 상황을 한두 번쯤은 겪어 보았을 것이다.

Key Point

메모심부름의 법칙
- 주의사항을 주지시켜 전달하게 함
- 중요 내용이 포함된 메모는 봉투에 넣은 후 전달
- 기밀사항이라면 본인이 직접 전달 하도록 함

물론 요즘이야 전자우편이나 사내 인트라넷이 잘 되어 있어 메모 심부름이나 직접 전달할 일이 많지는 않겠지만, 사생활이나 아주 중요한 일은 메모가 훨씬 효과가 높은 경우가 많다. 때문에 컴퓨터가 아무리 발전하여도 손으로 쓴 메모가 없어질 수는 없다. 그래서 위의 원칙들을 잘 이해하여 메모 심부름을 시키는 것이 필요한 것이다. 그리고 만약 자신이 상급자나 다른 동료의 메모 전달 심부름을 하게 된다면 절대 허락을 받지 않는 한 메모 내용을 무단으로 보아서는 안 된다. 공적이던 사적이던 중요한 메모심부름을 시킨다는 것은 상급자가 자신을 신뢰한다는 것으로 그 만큼 잘 수행하면 자신에게 유리하게 된다. 또한 위의 세 번째 위험요소처럼 인간은 누구나 약점을 가지고 있으므로 아예 자신을 잘 통제하여 문제를 일으키지 않도록 한다.

상사의 지시를 받을 때 메모방법과 활용

조직에서 상급자의 지시를 받아 업무를 수행하는 일은 중요하다. 특히 신입사원이나 중간관리자에게 상사의 지시사항 이행은 자신의 업무의 대부분을 차지하기도 한다. 아래의 내용은 중간 관리자인 직원이 제출한 리포트의 일부분이다.

나는 새로운 상사를 대할 때에는 일단 지시한 내용을 그대로 받아 적는다. 상사가 '이 일을 하라!'고 명령하면 '이것'에 해당하는 단어만 적는다. 그러나 이런 행동만으로는 아무런 의미가 없다. 나중에 그 일을 하다보면 "언제까지?" 또는 "가능하다면 어떻게 할까?" 등 여러 가지 의문점이나 아이디어가 떠오른다. 그런 생각들은 떠오르는 대로 해당 단어 옆에 적는다. 화살표로 표시하면 각 문제의 연관성을 알 수 있어 좋지만, 처음에는 그냥 나열만 해도 좋다.

'한 입으로 두 말을 하는' 사람들이 있는데, 독단적인 성격의 상사 중에 이런 사람이 많다. 지시한 내용의 일을 추진하는 과정에서 수시로 마음이 바뀌면 직원들은 힘들다. 그런 상사를 대하는 방법은 지시할 때 당사자 앞에서 일일이 메모를 하는 것이 필요하다. 확인까지 하면 더욱 좋다. 그러면 다른 지시를 내릴 경우, 반문을 할 수 있다. 생각이 있는 상사라면 이런 행동만 해도 본인의 잘못을 깨닫는다.

다른 수강생도 직장생활에서 상사와의 애로점을 위의 수강생과 유사하게 대처하고 있음을 확인할 수 있었다.

상사가 지시한 내용은 그대로 받아 적었다. "다시 한 번 말씀해 주시겠습니까?" 라는 식의 답답한 질문은 하지 않았다. 최대한 집중하여 빠뜨리지 않고 적었다. 일을 진행하면서 의문 사항이나 아이디어도 함께 적었다. 글자 색깔을 달리하여 의문사항을 적고, 해답을 찾았을 경우와 찾지 못했을 경우, 그리고 찾지 못했다면 접근할 수 있는 데까지 알아보고 정리했다. 그것 또한 간단명료하여 상사로 하여금, 내가 어디까지 생각을 했는지 쉽게 알 수 있게끔 정리했다.

이때 중요한 것은 상사가 지시를 내릴 때 '내가 지금 메모하고 있다'는 것을 보여주기 위해 늘 수첩을 들고 상사의 지시를 받았다. 그랬더니 상사는 나에게 업무 도중에 다시 한 번 확인하고 여러 차례 "일은 어떻게 되고 있나?", "내가 지시한 것은 하고 있나?" 등의 불필요한 질문을 하지 않게 되었다. 상사로부터 나는 신뢰가 가는 부하 직원이었던 것이다.

자신의 말을 빠뜨리지 않고 메모하고, 그것을 정리하여 보고하였다. 보고 시에도 메모하는 습관이 몸에 배여 요점만 간략하게 정리했기 때문에 상사도 보고서를 읽는 시간을 단축되게 되었다. 나는 이제 어떤 부서에 가서든 정확한 업무파악을 할 수 있게 되었다.

또 다른 수강생은 '역지사지'의 관점에서 메모를 접근하였다.

자신의 상사를 보며 '이런 식으로 대하면 부하들이 훨씬 일하기 편하고, 즐겁게 의견도 교환할 수 있을 텐데.'라는 생각이 들면 즉시 '이렇게 해주면'에 해당하는 내용을 메모하여 보관한다. 그러면 나중에 자신이 상사가 되었을 때 메모해 둔 것을 바탕으로 좀더 부하직원들에게 가까이 다가갈 수 있다. 메모는 어떤 형태로든 남겨두면 훗날 효력을 발휘한다.

이 수강생의 지적처럼 실제 조직생활을 하다보면 모든 상급자가 잘 처신하고 조직원 관리를 잘 하는 것은 아니다. '개구리 올챙이 시절 기억하지 못한다.'는 속담처럼 부하직원일 때 자신이 불평했던 일을 자신이 관리자가 된 후에 그대로 하는 사람들이 의외로 많다. 이제부터라도 자신이 보기에 바람직한 상사의 상이나 부족한 점 등을 메모하여 두었다가 실천을 한다면 정말 조직의 훌륭한 리더가 되지 않을까.

29

정보의 공유효과와
상생의 길

우리 사회가 과거에 비하여 민주화 되었다는 것은 부인할 수 없는 사실이다. 군사독재 시절에는 언로가 막혔었고, 정부나 일반 기업들도 정보의 공개를 매우 꺼려했다. 물론 국민들은 그런 것을 당연하게 여겼고, 반발도 하지 못했다. 하지만 민주화가 진전되었다고 하는 현재에도 기득권층은 '정보 민주화'를 꺼린다. 자기들의 표현대로 하면, 정보를 공개하면 나라가 시끄러워진다는 이유이다. 국민들이 똑똑하면 '감 놔라, 배 놔라'하면서 훈수를 두게 되고, 정치권에 불만도 표출하기 때문이다.

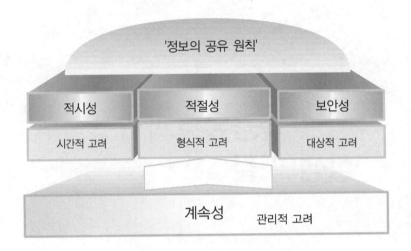

이런 낡은 사고를 절대적으로 신봉하는 우리 사회의 또 하나의 부류는 교육계이다. 밀폐된 교단에서 낡은 정보로 획일적이고 교조적인 교육을 하면서 외부의 참 목소리에는 귀를 닫고 있다. 교육에 대한 말만 나오면 '참교육이 어떠하니, 전인교육을 한다'고 말하지만, 사교육으로 대변되는 기형적인 교육시장과 '왕따', 청소년 문제 등이 심각해지는 현상에 대해서는 함구하고 있다. 이런 현상이 아직도 자연스럽고, 당연하다고 여기는 국민들이 있을까? 정보의 공유효과와 사회 구성원들 모두가 정보를 효율적으로 공유하고, 상생의 길로 가는 방법을 살펴보기로 하자.

정보공유의 4가지 원칙

정보를 공유하는 원칙은 4가지가 있다. 첫째가 적시성으로 정보를 필요한 시점에 제공하여야 한다는 것이다. 정보는 수요자에게 항상 동일한 가치를 가지는 것이 아니다. 우리가 알고 있는 속담 중에 '사후약방문'이라는 말이 있는데, 이는 환자가 죽고 나서는 아무리 좋은 처방전이라도 소용이 없다는 말이다.

둘째, 형식의 적절성으로 수요자가 가장 쉽게 이해할 수 있는 형식이어야 한다. 글을 읽지 못하는 사람에게 문서로 정보를 전달하거나 설계도를 이해하지 못하는 사람에게 전문용어가 가득 찬 설계도를 보여주는 것은 적절하지 않다.

셋째, 보안성이다. 해당 정보를 제공받아야 할 정보의 대상을 잘 확정하여야 한다는 것이다. 아무리 행정기관이 민주화되고 일반인의 '정보공개청구권'을 보호하여야 한다고 하여도 부적절한 사람에게 악용할 가능성이 있는 정보의 접근은 엄격하게 통제되어야 하는 이치이다.

마지막으로 계속성이다. 수요자에게 제공한 정보내용이 시간이 지나서 변화되었거나, 정보내용 중 잘못된 부분을 수정하였을 경우 지체 없이 해당 사실을 제공하여야 한다. 그렇지 않을 경우, 정보 수요자가 잘못된 의사결정을 하거나 불필요한 시간과 정력을 낭비하게 되기 때문이다.

각종 정보가 투명하게 공개되고 공유되어야 하는 것은 시대적 요청이며 거스를 수 없는 대세이다. 정보수요자는 조직의 동료, 아랫사람, 혹은 상급자가 될 수도 있을 것이며, 일반인도 해당 된다. 대부분의 조직원이나 조직은 자신들에게 불리한 정보

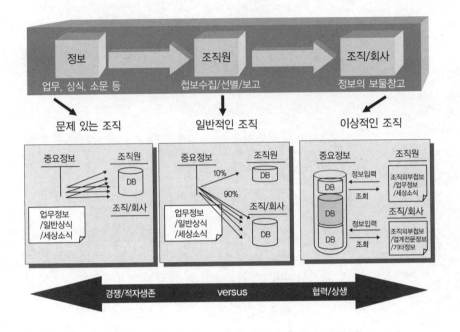

는 철저히 은폐하고, 혼자 알면 이득이 되는 정보는 숨기는 경향이 있다. 하지만 자신과 조직의 경쟁력확보는 정보의 은폐에 있는 것이 아니라 정보의 공개로 효율성을 극대화시킬 때 얻어진다는 것을 알아야 한다.

정보공유와 상생의 길

정보의 공유는 투명한 사회로 나아가는 첫 걸음이다. 정보공유로 인하여 조직과 사회, 조직원 모두가 '시너지효과'를 누릴 수 있다. 위의 이미지를 보면 세 가지 부류의 조직이 있다. 첫째 문제가 있는 조직의 경우로 조직원이 모든 정보를 가지는 경우이다. 조직원이 정보를 가지고 해당 정보를 자기 경쟁력의 무기로 활용한다. 조직의 경쟁력은 다양하고 고급 정보를 가지고 있는 조직원으로부터 나오게 된다. 따라서 해당 조직원이 조직을 떠나게 되면 조직의 능력은 축소되거나 없어지게 된다. 과거에 많은 조직이 이런 형태로 운용되었다.

둘째, 요즘 가장 일반적인 형태로 조직이 중요 정보의 대부분약 90%가량을 확보하고 조직원은 10%정도를 가지고 있는 경우이다. 이 경우 조직원은 조직의 도구나 소모품으로 전락하게 되며, 거대한 조직에 대하여 무력감을 느끼게 된다. 또한 조직의 리더나 상급자들은 조직원에게 정보를 제공하여 경쟁력을 강화시켜주려는 동기가 없다.

컴퓨터와 인터넷의 급속한 보급과 각종 업무시스템의 전산화, ERP(전사적 자원관리), EIS(임원정보시스템), DSS(의사결정지원시스템) 등의 도입은 조직의 정보력을 강화시키는 원동력을 제공하였다. 이러한 시스템의 도움으로 조직의 정보는 더 이상 조직원들의 전유물이 아니게 되었다.

셋째, 가장 이상적인 조직의 형태로 중요 정보를 조직과 조직원이 공유하는 것이다. 정보의 입력 업무도 적절하게 분담하여야 한다. 조직원들은 광범위한 업계나 업무의 기초적인 첩보를 수집하여 조직의 데이터베이스에 입력을 하고, 조직은 조직원들이 입수하기 어려운 고급 정보와 전문정보를 수집하여 저장하게 된다.

이러한 과정을 거치다 보면 양자가 입력을 한 기초정보를 바탕으로 각종 연관분석, 통계분석, 추이분석 등을 통하여 보다 고차원적인 정보를 생산할 수 있게 된다. 진하게 표시된 이러한 정보는 조직과 조직원들의 경쟁력 강화에 무한한 힘을 제공하게 된다.

이제 조직과 조직원들은 과거의 경쟁과 적자생존의 대결구도가 아니라, 협력과 상생이라는 미래가치를 향하여 공동으로 노력하여야 한다. 조직도 조직원이 더 이상 착취와 이용의 도구가 아니라, 조직의 가치를 생산하고 조직의 근간을 구성하는 '핵심가치'로 인식하여야 한다. 조직원도 조직과의 싸움으로 뭔가를 얻으려 하기보다는 조직에게 정보를 제공하여 조직의 힘과 경쟁력을 강화시키는데 일조하려는 마음가짐이 필요하다. 조직정보라는 것은 단순하게 조직 내부나 외부의 첩보를 수집하고 상품개발이나 고객서비스를 하는 도구가 아니라 조직의 발전과 조직원의 능력을 계발시키는 중요한 소재이다.

Key Point

정보공유와 상생의 길
- 정보공유 4원칙을 이해하기
- 정보공개는 시대적 흐름으로 적극적으로 대처할 것
- 정보공유를 통한 이상적인 조직상 구현으로 경쟁력 강화

제약회사 4년차 영업사원의 메모 노하우

Activity

조직 내부의 정보공유도 중요하지만, 고객과 제품 등에 관한 정보공유는 아주 중요한 요소이다. 역사 이래 최근까지 항상 수요가 공급을 초과하였기 때문에 생산자

위주의 마케팅이 시장을 선도하였다. 하지만 이제 대한민국의 경제도 소비자의 지적 수준이 높아졌고, 글로벌 경쟁으로 국산품뿐만 아니라 외국제품과도 비교가 가능해져 과거처럼 녹녹하게 구매를 하지 않는다. 아래 어느 제약회사 4년 차 영업사원의 경험을 살펴보자.

제약회사 영업이란 것이 자기 제품이 아주 우수하고 경쟁제품도 없으면서, 나 혼자 이 제품으로 승부를 이끌어내는 게임이라면 얼마나 쉽겠냐 하고 생각한다. 하지만 수만 개의 경쟁회사와 수만 개의 경쟁제품이 존재하고 각 영업 정책도 틀리기 때문에 제품 우수성만으로는 영업을 하기가 어렵다. 물론 영업에서 가장 중요한 것은 역시 제품력이다.

하지만 역시 영업의 한계에 부딪치면 결국에는 돌아오는 것은 거래처와의 유대관계이다. 당장 경쟁회사 영업사원이 더 좋은 제품과 더 많은 피드백을 들고 내 거래처를 방문한다 하더라도, 그 거래처 원장과 끈끈한 유대관계만 있으면 절대로 나와 거래를 끊지 않는다는 것을 이제야 피부로 느끼고 있다.

여기서 중요한 것이 원장과의 유대관계를 쌓는 일인데 가장 좋은 방법은 원장이 필요로 하는 정보를 제공해주는 것이다. 예를 들어 옆 병원의 환자 수라든가, 앞으로 바뀔 보험 정책 등이 유용하다. 그리고 꼭 원장에게 당장 필요하지 않더라도 여러 가지 세상 돌아가는 정보를 주는 것도 아주 좋아한다. 원장에 따라 프로야구를 좋아하는 원장도 있고, 낚시를 좋아하는 원장도 있다. 이 모든 기호를 맞출 수는 없지만 관련된 정보는 수집할 수 있다.

개인적으로 관리하는 종합 메모 정리장을 보강하여 이러한 정보들을 관리한다면 앞으로 내가 영업을 하는 데 큰 도움이 될 것이다. 즉 내가 수집해서 쌓은 해박한 정보와 지식을 거래처 원장들에게 제공할 수 있다.

원장들은 노력하는 거래처 영업사원을 좋아하며 자신에게 도움을 줄 수 있는 정보를 가진 사람을 좋아하고, 특히 자신이 좋아하는 취미생활에 해박한 지식을 갖고 있는 거래처 영업 사원은 더 좋아할 수밖에 없다. 앞으로 더욱 더 나를 위해서(물론 거래처를 위해서지만 결국 나 자신의 일을 위한 것이니) 지금의 메모 습관과 본 강의서 배운 메모 방법들을 보충해 영업을 해나가려고 한다.

대기업과 중소기업의 상생의 길

아직까지 중소기업과 대기업 간의 협력이 제대로 되지 않는 모양이다. 최근 현대차가 환율과 외국시장에서 경쟁력 약화를 빌미로 납품업체들에 일방적으로 단가를 요구하여 물의를 일으켰다. 협력업체들은 대기업이 자신들만 살기 위해서 자기들을 죽이고 있다고 항변하였다. 대통령은 올해 신년사에서 양극화 해소를 화두로 제시하며 중소기업을 육

성하겠다고 강조하였다. 그 실천대책으로 여러 정부 부처는 대기업과 중소기업 간 상생정책을 쏟아내고 있다. 그러나 이런 대책들이 구호에 그치고 있는 모양이다.

물론 기업들 간의 거래인데, 정부가 너무 개입할 수만은 없지 않은가라는 말이 옳을 수도 있을 것이다. 상장회사든 장외회사든 할 것 없이 대기업에 납품하는 중소기업들이 국내는 물론 외국계 기업의 불공정한 처사에 신음소리를 내고 있다. 납품업체들이 이익을 많이 낸다고 납품가를 인하하고, 한 업체가 독점적인 기술력을 확보해 성장해 나갈 경우, 대기업이 이를 견제하기 위해 해당 업체의 기술을 빼내 다른 회사에 알려주고 경쟁을 유발하는 일도 있다.

어제 오늘의 일이 아니지만 중소기업들은 납품을 위해 대기업의 횡포에 쉬쉬하는 한편, 기자들에겐 '오프 더 레코드'를 요청하고 있는 상태라고 한다. 정말 '눈 가리고 아웅'하는 꼴이다. 이런 관행과 불합리한 처사가 지속되는 한 대기업과 중소 기업 간에 산업정보와 기술정보, 각종 인력 등에 관한 투명한 정보공유가 제대로 될 리가 없다. 대기업도 중소기업에서 납품받은 부품으로 완성품을 만들고 있으므로, 납품부품에 문제가 있거나 개선이 제대로 되지 않는다면, 제품 경쟁력을 확보할 수가 없다. 제품에 하자가 발생하면 대기업은 이미지에 더 큰 상처를 입게 된다.

중소기업들은 살아남기 위해서 시장의 정보를 많이 수집하고 관리한다. 소비자의 기호변화나 각 기업들의 기술개발 트렌

드도 훨씬 많이 알고 있다. 이런 수많은 협력업체의 정보를 적절하게 수집하고 분석하여 신제품개발이나 마케팅 전략에 활용한다면 해당 대기업도 훨씬 많은 이익을 남기고 성장하게 될 것이다.

그런데 대기업이 협력업체의 정보를 수집하여 해당 업체를 핍박하고 죽이는 데 활용한다면 누가 정보를 내놓겠는가? 물론 억압하면 내놓겠지만 역(逆)정보나 부실한 정보를 제공하게 될 것이다. 그런 정보를 바탕으로 수립한 기획이 제대로 될 수가 있겠는가?

이제 글로벌 경쟁에서 살아남기 위해서는 국내 기업끼리라도 서로 허심탄회하게 머리 맞대고 상호 협력하는 상생의 길을 찾아야 한다. 정보는 모이면 엄청난 시너지를 발휘한다.

30
조직건전성 평가를 위한 메모

        조직이 발전하게 되면 조직원의 입장에서 경제적 이득과 승진이 보장된다. 조직도 사람과 마찬가지로 태어나고, 성장하고, 죽는 과정을 겪게 된다. 많은 조직들의 수명이 우리가 생각한 것보다 훨씬 짧다. 또한 우리가 속하게 되는 조직이 계속 발전하고 내가 조직에 속한 기간 동안 살아남는다는 보장도 없다. 특히 외환위기 이후 수많은 한국의 대기업들이 사라졌고, 심지어 천년만년 갈 것 같은 은행도 많이 망했다.

조직의 흥망

　　모든 일은 사전에 예고를 하고 오는

데, 이를 징후라고 한다. 따라서 징후를 알고 대처만 잘 한다면

일어날 사고를 예방하거나 혹은 그런 사고가 발생하였을 시에

피해를 최소화 시킬 수 있다. 조직의 입장에서도 조직의 흥망에

관련된 각종 징후가 발생하게 된다. 다만 징후를 잘 알고 대처

하면 조직이 위험에 빠지지 않겠지만, 모르고 지나치면 돌이킬

수 없는 지경에 처하기도 한다. 조직의 입장에서 이러한 징후를

잘 관리하여야 하는데 그런 징후를 관리하는 시스템을 잘 구비

하고 있는 조직이 생각보다 많지 않다.

미국 포춘지의 500대 기업들 중 대부분이 20년도 그 자리를 지키지 못하였다. 국내 대기업의 평균 수명도 20년이 채 되지 않는다는 통계도 나와 있지만, 거대 기업들은 한 순간에 무너지지는 않는다. 댐의 벽에 금이 가고, 물이 새고, 틈 벌어지는 소리가 나고, 이에 더해 폭우가 쏟아지면서 무너지는 것과 같은 이치로 기업도 망해가는 것이다. 한국 기업의 평균 수명은 10년도 되지 않는다고 한다. 기업의 생존을 위협하는 각종 위협요소들 중에서 사람에 의한 위험(Risk)이 있는데 여기서는 사람에 관련된 부문만 살펴보고자 한다.

모든 조직의 근간은 사람이다. 우리가 흔히 '사람이 전부다'라고 하는데, 인력만 잘 관리하면 조직도 건전해지고, 발전도 하게 될 것이다. 물론 경영진이나 주주들이 조직의 흥망에 관해 더 많이 신경 써야겠지만, 조직에 속해있는 개인들도 관심을 가져야 할 부문이다. 왜냐하면 조직의 흥망이 개인에게도 많은 영향을 주기 때문이다.

조직의 위험징후를 미리 보고 자신이 행동할 방향을 정하고, 또한 그런 위험을 제거하거나 최소화하는데 훌륭한 역할을 수행한다면 조직에서 인정을 받게 될 것이다. 경영은 윗분들이나 하는 것이라는 생각을 버리고, 오늘부터라도 우리 팀, 우리 회사에서 다음에 있는 일들이 일어나고 있는지, 아님 일어날 가능성이 있는지 관심 있게 살펴보자.

경영자 관련 징후

* 경영자가 자리를 많이 비우고 안색이 안 좋다.
* 회사 내부에 회의가 많아진다.
* 경영자가 갑자기 회사 이야기를 하지 않게 된다.
* 경영자가 대외활동, 접대 등이 갑자기 화려해졌다.
  (승용차 교체 포함)

종업원 관련 징후

* 직장분위기가 어둡고 활기가 없다.
* 임직원들의 입·퇴사가 잦다.
* 주요 부서 요직 직원들의 사직·전직이 많다.
* 경리부서에 사직자가 있다.

조직의 부실 징후와
조직원의 행동강령

위에서 모든 일에는 징후가 있다고 하였는데, 경영자가 관련된 회사의 부실에 이르는 징후는 대개 4가지로 본다. 첫째, 경영자가 자리를 많이 비우고 안색이 안 좋게 보인다. 마음이 불안하고 고민이 많으므로 당연하게 얼굴에 나타나게 되는 것이다.

둘째, 조직 내부에 회의가 많아진다. 목표달성이니 조직정비니 하면서 이런 저런 회의참석으로 실제 자신의 업무를 수행할 시간이 없게 된다. 회의가 많아지는 것은 조직의 문제에 대해 진지한 논의를 통해서 적합한 해결책을 얻고자 하는 의도이지만, 실제로는 서로 책임을 지지 않고 추진주체가 없는 '흐리멍텅'한 대안을 제시하는 결과를 도출하게 된다.

셋째, 경영자가 조직내부나 외부 모임에서 회사 이야기를 하지 않게 된다. 자랑할 만한 꺼리가 없고 흥도 나지 않아 그렇게 되는 것이다. 마지막으로 경영자의 대외활동, 접대 등이 갑자기 화려해지고, 과도하게 된다. 평소와는 달리 고급술집에서 접대를 하고, 멀쩡한 승용차도 최고급으로 교체하기도 한다. 자신의 조직이 어렵기 때문에 오히려 잘된다는 것을 외부에 과시하기 위해서 무리해서라도 사치를 하게 된다. 물론 우리 사회에서 이런 것들이 대부분 잘 먹혀들기 때문이기도 하다. 내실보다도 겉치레에 익숙한 한국사회의 어두운 면을 보여주는 한 사례에 불과하다.

경영진과는 달리 조직원들의 행동 중에 조직이 부실에 이르고 있다는 사실을 알려주는 징후는 다음과 같다. 첫째 직장 분위기가 어두워지고 활기가 없어지게 된다. 비서나 인사 쪽의 직원들은 경영진의 동태와 회사의 상태에 대하여 잘 알게 되므로 제일 먼저 반응을 하게 된다.

둘째, 임직원들의 입사와 퇴사가 빈번해지고 특히 주요부서나 요직에 있던 직원들의 사직이나 전직이 많아진다. 조직이 어려워지면, 조직회생에 제일 필요한 우수한 인력이 먼저 조직을 떠나게 된다. 자신의 비전이 없어지기 때문이다.

셋째, 경리·회계부서에 사직자가 발생한다. 회사의 자금사정이나 채무, 부실채권의 규모, 분식회계의 문제, 비자금의 불법조성 등에 관련되면 도덕적 문제를 넘어서 형사처벌까지 받을 수 있기 때문에 그러한 지경에 이르기 전에 조직을 떠나는 선택을 한다.

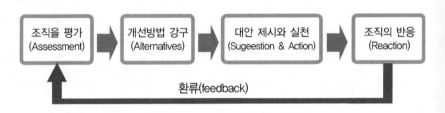

조직생활을 하면서 건전하고 지속적인 성장을 하는 조직에 속한다는 것은 '하늘이 내려준 운'에 속할 것이다. 대부분 조직생활도 인생과 마찬가지로 '부침(浮沈)'을 경험하게 된다. 따라서 조직원들은 선택의 기로에 서게 된다.

이런 시점에 처한 조직원들의 행동요령에 대하여 살펴보자. 먼저 조직을 냉정하게 평가(Assessment)하여야 한다. 다음으로 조직의 문제점을 개선할 수 있는 방법(Alternatives)을 생각하여 조직에 대안제시(Suggestion)를 하고, 본인이 실천(Action)을 하여야 한다. 그런 본인의 노력에 대하여 조직이 어떠한 반응(Reaction)을 하는지 살펴보아야 한다. 불평분자로 판단하는지, 아니면 조직의 발전을 위한 고언(苦言)을 하는 충신으로 인정하는지 보고 자신의 행동을 정하여야 한다.

Key Point

조직건전성 진단을 위한 메모하기

• 사소한 일이라도 중요한 징후 포착 시 정리할 것
• 징후의 원인과 관련 내용을 파악하여 정리할 것
• 징후에 원인에 대한 해결책을 고민하여 정리할 것
• 동료와 대화, 상급자와 상담 등을 통해 행동요령 결정

조직을 떠날 것인가? 아니면 조직에 남아서 어려운 역경을 헤쳐 나갈 것인지 판단하여야 한다. 먼저 떠날 경우를 보자. 만약 떠나기로 결정을 하였다면 조직의 위기를 외부에서 인식하기 전에 떠나야 한다. 외부에 알려져 중간에 서둘러 떠나게 되면 문제가 있는 조직에서 이탈하여 온 조직원을 기꺼이 받아줄 조직은 많지 않다. 조직의 어려움을 무시하고 떠나는 '배반자'로 볼 수도 있고, 능력이 없어서 조직에서 밀려난 '패배자'로 인식하기가 쉽다. 실제 이러한 인식 때문에 중간에 어설프게 조직을 떠났다가 어느 조직에서도 인정받지 못하여 '사회적 미아'로 남아 있는 사람들도 많다.

만약 미리 인지하여 떠나지 못했다면 끝까지 조직에 남아라. 조직이 망할 수도 있고, 어려움을 극복하여 재도약의 계기를 가질 수도 있다. 전자의 상황에서는 동양, 특히 한국에서 조직원의 가장 큰 미덕으로 여기는 '의리'를 가진 사람으로 인정을 받게 되어 다른 조직의 리더들이 기꺼이 채용을 하려고 할 것이다. 어떤 리더라도 조직에 극도의 충성심을 보이는 조직원을 얻기 원하고, 그러한 일에는 비용을 크게 고려하지 않는 경향이 있다. 후자의 상황은 '최상의 선택'이 되는 것이다.

조직이 재도약을 하게 되면 난국을 극복한 공신이 되어서 승진이나 급여 등에서 충분하게 보상을 받게 된다. 사실 이것보다 값진 것이 어려움을 이겨낸 의지와 자신감, 그 과정에서 얻은 경험이 아닐까 생각한다. 조직을 떠나는 타이밍을 제대로 잡지 못했다면 끝까지 남는 것이 자신에게 가장 득이 되는 선택의 길이 될 것이다. 무조건 조직을 떠나는 것이 해결책을 아니라는 사실을 알아야 한다.

Plus one

조직과 경영진의 부실징후가 광범위할 때

합리적인 대안을 고민하여 제시하라. 조직과 상급자에게 맹목적으로 충성하는 사람보다 대우를 받을 수 있다.

Activity

이상형을 찾아서 닮아가는 방법

자신의 능력을 개발하는 것은 산 속에 홀로 들어가서 수련을 하는 방법도 있고, 자기 주위나 역사상 뛰어난 인물을 표본으로 잡고 따라하는 방법도 있다. 기업도 개인과 마찬가지로 유사업계나 동종업계에서 잘 나가는 기업을 대상으로 벤치마킹하여 역량을 집중하여 발전한다. 개인이 조직 내 다른 직원 중 잘 하는 직원의 장점을 잘 정리하여 따라하는 것도 좋은 방법이다.

수강생 중에 아래와 같은 표를 만들어 활용하는 경우도 있다.

	능력 있는 사람	자 신
출근 시간		
인사 방법		
가지고 다니는 수첩		
패 션		
얼굴 표정		
보고서		
기획서		
회의에서의 발언		
앉은 자세		

전문가가 없는 나라, '개척자 정신' 없이는 미래 없어

사회가 발달하면서 모든 분야에서 전문가를 요청하고 있다. 각종 조사를 보면 실업률은 높은데, 기업들은 사람을 구하지 못해서 구인난을 겪고 있다. 구직활동을 하는 개인과 구인활동을 하는 기업과의 '괴리'가 있는 것이다. 한국병 중의 하나가 '적당하게'하는 것이다. 모든 일이 '좋은 게 좋다는 식'으로 생각하고, '대충 대충' 처리하는 식이다. 한국이 선진국으로 가는 길목에서 몇 년째 머뭇거리고 있는 이유가 아닌가 싶다. 이런 와중에 어떤 채용사이트에서 여론조사를 한 결과를 보고 한심한 생각이 들었다.

제목이 선정적으로 '내 직업 대물림 싫다'이다. 직장인들이 자녀가 자신과 같은 직업을 갖지 않기를 바란다는 내용이다. 그 이유는 경제적으로 불안해서, 일이 힘들어서, 발전가능성이 없어서 등이다. 현재 직장인들의 현실을 잘 반영하고 있는 내용이다. 그리고 자녀가 가지길 원하는 직업은 공무원과 사업가, 교사 순이라고 하였다. 공무원은 요즘 한국처럼 고용안정이 안 되는 상황에서 정년이 보장되는 것이라 좋아할 것이고, 사업가는 황금만능주의 사조가 판을 치는 한국에서 돈을 많이 버는 직업이라 선호하는 것이다. 물론 틀린 말은 아닐 것이다. 고용이 보장되거나 많은 돈을 버는 것이 중요하다. 직장인들도 대를 이어 지식을 쌓고, 경험을 쌓아야 전문가가 되는 것이다. 자신의 업무를 조금씩 아는 것으로 정년을 보장받고, 열심히 하는 것으로 많은 급여를 보장받을 수는 없다.

글로벌경쟁에서 국가가 살아남기 위해서는 경제인이 대우를 받아야 하고, 경제의 최일선에 나서는 비즈니스맨들이 선망하는 직업인이 되어야 하고, 존경을 받아야 하는 것이다. 국민의 세금으로 국가정책을 집행하는 공무원에 국가의 우수한 인재들이 무작정 몰려가는 것은 옳지 않다. 우수한 인재들은 지구촌 곳곳을 누비면서 국가이익을 위해 돈을 벌어와야 하는 것이다. 한국은 부존자원도 없고, 국토가 넓거나 인구가 많은 것도 아니다. 오로지 우수한(?) 인재만을 조금 가진 나라일 뿐이다. 주변 강대국에 비하면 약소국에 불과하다. 세계를 돌며 국가산업기반을 일구고, 생산한 상품을 팔고, 생산에 필요한 자원을 확보하는 일은 국가생존이 걸린 문제이다. 단지 조금 힘들다고 포기할 그런 일이 아닌 것이다.

직장인들이 자신의 직업에 긍지를 가지지 못하고, 자식에게 직업을 물려주고 싶지 않다고 생각하는 현실에서 암울한 한국의 미래를 보게 된다. 한국은 자원이 많은 국가도 아니고, 경제력이 우수한 선진국도 되지 못하였다. 이런 상황에서 안정적인 직업을 찾는 젊은이들이 늘어나고, 사회현상으로까지 이어지는 것이 안타깝다. 사업가도 그냥 돈을 버는 것이 아니다. 수많은 실패와 역경을 견디고 나서, 정말 소수만이 성공적인 삶을 누리고 있다. 직장인들이 보기에 사업가가 좋아 보이지만, 성공한 몇 몇 사람의 성공한 현재만 보기 때문에 그런 것이다. 미국이 세계 최강의 대국이 되기까지는 '개척자' 정신이 한몫을 하였다는 사실을 부인하는 사람은 없다.

이제 한국의 젊은이들과 사회가 개척자정신을 갖지 못한다면 한국의 미래는 없을 것이다.

전략적 메모의 기술 - 초급과정

교육기간/비용	◆교육기간 : 1일 4시간 ◆교육비용 : 일반( )
교 육 개 요	◆취업과 직장생활 준비를 위한 메모전략 ◆직장생활에서 주의해야 할 메모
교 육 목 표	◆메모를 위한 기본 조건을 이해할 수 있다. ◆메모의 잘 할 수 있는 노하우를 익힌다. ◆직장생활에서 업무를 잘 할 수 있는 메모의 노하우를 익힌다. ◆직장에서 지켜야 하는 메모예절을 익힌다.
교 육 대 상	◆취업을 준비하는 대학생 ◆메모의 노하우를 배우고자 하는 직장 초년생 ◆체계적인 메모의 방법과 예절을 배우고자 하는 직장인

교 육 내 용

구분	주요내용		교수기법
메모를 위한 기본 조건 이해	• 메모는 왜 하는가? • 메모를 하는 순서 • 메모의 도구 고르는 노하우 • 유형별 메모의 기술	• 메모는 습관이다. • 메모를 위한 환경조성하기 • 수첩 110% 활용법 • 실습 :	강의 실습
메모의 기술 7가지 익히기	• 언제 어디서든 메모하라. • 기호와 암호를 활용하라. • 메모하는 시간을 따로 마련하라. • 메모를 반드시 활용하라.	• 주위사람들을 관찰하라. • 중요사항은 눈에 띄게 하라. • 메모를 데이터베이스로 구축하라. • 토의 :	강의 토의
생활에서 메모 시 주의사항	• 좋은 메모지 vs 나쁜 메모지 • 메모할 수 없는 상황 대처하기 • 디지털 카메라 등	• 메모를 해서는 안 되는 내용 • 녹음 내용을 메모 시 주의사항 • 과제풀이 :	강의 과제풀이
생활에서 메모 의 활용	• 전화통화를 위한 메모 • 강연이나 세미나에서의 메모 • 실습 :	• 정보를 정리하는 메모 • 전달할 때의 메모	강의 실습
생활에서 메모 적용하기	• 인맥관리를 위한 메모 • 생각을 정리할 때의 메모 • 시각적인 메모방법	• 명함 예절과 메모 • 독서할 때의 메모 • 토의 :	강의 토의
메모로 자기계 발하기	• 메모장으로 교양 쌓기 • 메모장으로 업무지식 배우기 • 실습 :	• 메모장으로 외국어 배우기 • 메모습관으로 감동 전하기	강의 실습
메모로 자기관 리하기	• 마음을 정리하기 위한 메모 • 스트레스 해소를 위한 메모 • 일기와 메모의 차이점	• 아이디어를 정리하는 메모 • 생활을 정리하는 메모 • 토의 :	강의 실습 토의

* 교육 내용과 시간은 교육대상과 고객의 요청에 따라 변경할 수 있습니다. 교육문의는 stmin@hotmail.com으로 해주세요.

교육기간/비용	◆교육기간 : 1일 4시간 ◆교육비용 : 일반( )
교 육 개 요	◆직장에서 업무나 인간관계를 원활하게 처리 ◆메모의 다양한 활용방법과 생활에서의 적용
교 육 목 표	◆업무수행을 위하여 메모를 잘 활용할 수 있다. ◆상급자와 동료와의 관계에서 메모를 이용해 원만한 업무조율이 가능하다. ◆직장에서 정보로 자신과 조직의 이익을 판단하고 행동할 수 있다. ◆직장생활에서 메모 예절을 지킬 수 있다.
교 육 대 상	◆업무수행이나 동료관계에서 메모의 필요성을 느끼고 있는 직장인 ◆메모를 통해 자신의 업무와 조직의 정보를 좀 더 잘 파악하고자 하는 직장인 ◆조직에서 체계적으로 정보나 업무를 처리하고자 하는 직장인

교 육 내 용

구분	주요내용		교수기법
직장에서 업무를 위한 메모	•업무를 시작하기 전의 메모 •회의할 때의 메모 •협상할 때의 메모	•효율성을 높여주는 메모 •보고서를 위한 메모 •실습 :	강의 실습
상급자 및 동료와 업무수행 메모	•상급자를 대할 때의 메모 •비즈니스 문서를 작성할 때의 메모 •업무를 끝낼 때의 메모	•상사가 되었을 때의 메모 •스케줄이 변경되었을 때의 메모 •실습 :	강의 실습
직장에서 정보를 관리하기 위한 메모	•첩보메모와 정보메모의 구별 •첩보분석을 위한 노하우 •정보보고서 작성을 위한 노하우	•첩보수집 경로 이해와 관리하기 •정보의 질 관리하기 •토의 :	강의 토의
직장에서 정보 활용 노하우	•직장 내부 첩보 메모하기 •업무관련 첩보 수집 및 관리하기 •조직 건전성 파악하기 •실습 :	•직장 외부첩보 메모하기 •정보원 관리 노하우 •직장판단을 위한 정보수집노하우	강의 실습
사무실환경에서 메모관리	•책상 위의 메모지나 수첩관리 •메모지나 수첩 잃어버리지 않기 •메모 심부름 시 주의사항	•책상 주변 메모관리 •메모 심부름 시킬 시 주의사항 •토의 :	강의 토의
자기관리를 위한 메모습관	•공, 사에 따른 메모의 분류 •메모의 복제와 복사 •이중으로 메모장 관리	•중요도에 따른 메모의 분류 •메모의 파기와 소각 •토의 :	강의 토의
생활에서 메모의 필요성	•주차 시 메모 예절 •전입, 전출 시 메모와 업무 인수인계 •교통사고 시 메모	•이사 시 메모 예절 •장소 찾을 시 메모 •토의 :	강의 토의

* 교육 내용과 시간은 교육대상과 고객의 요청에 따라 변경할 수 있습니다. 교육문의는 stmin@hotmail.com으로 해주세요.

전략적 메모의 기술 – 초보 직장인을 위한 강좌

교육기간/비용	◆교육기간 : 1일 2시간 ◆교육비용 : 일반( )

교 육 개 요	◆직장생활에서 활용하는 메모의 노하우 파악 ◆직장과 일상생활에서 자기관리 노하우 파악

교 육 목 표	◆직장생활에 메모를 잘 활용할 수 있다. ◆상급자 및 동료들과 조화롭게 지낼 수 있다. ◆교양과 상식, 업무파악에 메모를 활용할 수 있다.

교 육 대 상	◆직장 신입사원 ◆새로운 직장으로 옮긴 초보 직장인 ◆업무처리나 자기계발에 고민이 많은 직장인

교 육 내 용

구분	주요내용		교수기법
직장에서 업무를 위한 메모	• 업무를 시작하기 위한 메모 • 회의할 때의 메모	• 토론 : • 실습 :	강의 실습
상급자 및 동료와 업무수행을 위한 메모	• 상급자를 대할 때의 메모 • 상사가 되었을 때의 메모	• 토론 : • 실습 :	강의 실습
직장에서 정보를 관리하기 위한 메모	• 첩보수집 경로 이해와 관리하기 • 정보의 질 관리하기 • 보고서 작성을 위한 메모	• 업무파악을 위한 메모하기 • 토론 : • 실습 :	강의 실습
사무실 환경에서 메모	• 책상 위의 메모지나 수첩관리 • 책상 주변 메모관리	• 메모 심부름 시 주의사항 • 토론 :	강의 토론
자리관리를 위한 메모습관	• 공·사에 따른 메모의 분류 • 중요도에 따른 메모의 분류	• 메모의 복제와 복사 • 메모의 파기와 소각	강의 토론
생활에서 메모의 필요성	• 메모로 상식과 교양 쌓기 • 주차 시 메모 예절 • 전입, 전출 시 메모	• 업무 인수인계 메모 • 교통사고 시 메모 • 토의 :	강의 토의

* 교육 내용과 시간은 교육대상과 고객의 요청에 따라 변경할 수 있습니다. 교육문의는 stmin@hotmail.com으로 해 주세요.

전략적 메모의 기술 – 프로 직장인을 위한 강좌

교육기간/비용	◆교육기간 : 1일 2시간 ◆교육비용 : 일반( )
교 육 개 요	◆메모를 통한 자기계발 ◆메모노하우를 활용한 업무효율성 증대
교 육 목 표	◆신세대의 문화와 특성을 이해하여 잘 이끌어 갈 수 있다. ◆사소한 것부터 챙기는 습관을 들일 수 있다. ◆Work & Life Balance를 잘 할 수 있다.
교 육 대 상	◆직장 경력 7년 차 이상 ◆팀장, 부서장 급으로 승진이 된 직장인 ◆관리자급 이상의 중간 간부

교 육 내 용

구분	주요내용		교수기법
자기관리를 위한 메모	• 좋은 메모지 & 메모장 고르기 • 다양한 메모도구 활용법 • 메모를 해서는 안 되는 내용 • 메모할 수 없는 상황 대처하기	• 책상 위의 메모지와 메모장 관리 • 책상 주변 메모관리 • 메모하는 환경 조성하기 • 실습 :	강의 실습
자기계발을 위한 메모	• 첩보와 정보 메모 구분 • 첩보수집 경로관리 • 첩보분석 6단계 • 정보의 질을 관리하는 요령	• 정보보고서 작성 요령 • 메모장으로 교양 쌓기 • 메모장으로 업무능력 키우기 • 실습 :	강의 실습
조직적응을 위한 메모	• 조직 내부첩보 메모하기 • 조직 외부첩보 메모하기 • 정보원 보호 • 메모의 복제와 복사	• 메모의 파기와 소각 • 메모 심부름 시 유의사항 • 조직건전성 평가를 위한 메모와 　행동요령 • 토의 :	강의 토의

* 교육 내용과 시간은 교육대상과 고객의 요청에 따라 변경할 수 있습니다. 교육문의는 stmin@hotmail.com으로 해 주세요.

전략적 메모의 기술 – 대학생을 위한 강좌

교육기간/비용	◆교육기간 : 1일 2시간 ◆교육비용 : 일반( )
교 육 개 요	◆대학생활에 메모를 잘 활용할 수 있다. ◆사회생활에서 필요한 메모방법 파악
교 육 목 표	◆대학생활에 메모를 잘 활용할 수 있다. ◆강연, 세미나 등의 상황을 잘 대처할 수 있다. ◆교양과 상식, 외국어 공부에 메모를 활용할 수 있다.
교 육 대 상	◆대학 재학생 ◆졸업을 앞두고 직장생활을 준비하고자 하는 대학생

교 육 내 용

구분	주요내용		교수기법
메모를 위한 준비활동	• 메모를 왜 하는가 • 메모를 위한 환경조성 • 다양한 메모도구의 활용법 • 좋은 메모지와 좋은 메모장	• 언제 어디서든 메모하라 • 기호와 약어를 활용하라 • 시각적인 메모를 위한 방법 • 실습 :	강의 실습
상황별 메모 노하우	• 전화통화를 위한 메모 • 인맥관리를 위한 메모 • 강연회나 세미나에서 메모 • 아이디어가 떠올랐을 때의 메모	• 스트레스 해소를 위한 메모 • 교양과 상식을 넓히는 메모 • 외국어를 배우는 메모 • 실습 :	강의 실습
메모의 활용	• 주위에 공부 잘 하는 사람을 관찰하라 • 명함 예절과 메모 • 하루의 일과를 정리하는 메모 • 일기와 메모	• 메모를 데이터베이스로 구축하라 • 메모를 재활용 해라 • 직장을 선택하는 메모 노하우 • 토의 :	강의 토의

* 교육 내용과 시간은 교육대상과 고객의 요청에 따라 변경할 수 있습니다. 교육문의는 stmin@hotmail.com으로 해 주세요.